# 跟着钱穆学历史

王艳明◎编著 何宇海◎绘

中国言实出版社

图书在版编目（CIP）数据

跟着钱穆学历史 / 王艳明编著；何宇海绘. —— 北
京：中国言实出版社，2018.9

ISBN 978-7-5171-2936-3

Ⅰ.①跟… Ⅱ.①王… ②何… Ⅲ.①钱穆（1895-
1990）—史学思想—通俗读物 Ⅳ.①K092-49

中国版本图书馆CIP数据核字（2018）第227841号


责任编辑：葛瑞娟

责任校对：代青霞

责任印制：佟贵兆

封面设计：朝圣设计


出版发行　中国言实出版社

　　　　地　址：北京市朝阳区北苑路180号加利大厦5号楼105室
　　　　邮　编：100101
　　　　编辑部：北京市海淀区北太平庄路甲1号
　　　　邮　编：100088
　　　　电　话：64924853（总编室）　64924716（发行部）
　　　　网　址：www.zgyscbs.cn
　　　　E-mail：zgyscbs@263.net

经　销　新华书店

印　刷　北京飞达印刷有限责任公司

版　次　2019年1月第1版　　　2019年1月第1次印刷

规　格　710毫米×1000毫米　　1/16　　14印张

字　数　200千字

定　价　49.80元　　ISBN 978-7-5171-2936-3

# 前　言

　　历史又火了。万历年间的旧事有了新说法，曾经老朽的四书五经上开出了新花样，"国学"成了一个时髦词汇。只可惜，在这样一片热闹繁华的景象中，少了钱穆先生对历史所怀有的那一片温情和敬意，多了西方人看历史时的"客观"和"冷静"。

　　但西方的历史怎能和我们自己的历史相提并论。

　　西方人的历史里，古希腊亡了古罗马兴起，罗马帝国亡了北方民族兴起，种族在更换，地域在变化，古代的罗马人不是古代希腊人的后裔，今天的欧洲人也很难说继承了罗马人的血脉。直到近代的民族国家兴起，他们才开始回望本国抑或欧洲的历史，但终如秦越之人相视，饥饱肥瘠不相关。西方人对父母长辈可以直呼其名，对历史，自然有一种置身事外的本能。历史之于他们，与生物、化学等一样，甚至还没有它们耀眼。

但中国人读中国史，却一直附随着一番对于自己民族生命的甚深情感。历史积累越深，民族情感越厚。三千年前周公作《周书》，两千五百年前孔子作《春秋》，为此下的中国人共同推崇，《周书》与《春秋》，成为中国史书的经典之作。一部《春秋》之后，多少人用一生去解读孔子的用心。

中国历史源远流长、积厚流光。中国人尊重历史，胜过企悬将来。有过去，才有将来，如同只问耕耘，不问收获，前人种树，后人乘荫。

但是从十九世纪末二十世纪初，历史遭遇了"滑铁卢"。

胡适赞叹着西方的强盛，批评中国传统的惰性实在太可怕了，我们应该"全盘西化"；鲁迅亮出匕首和投枪，向吃人的封建社会呐喊，他告诫青年要"多读外国书，少读书甚至不读中国书"。此后，线装书应该被扔进茅厕，文言文要从地球上消失，我们要赶超英美……人人唯恐避旧思想、旧文化之不及。

但钱穆说："你们大家尽在那里讲中国的坏处，我不得不来多讲一些中国的好处。"

"我们的箭头刀锋尽向着自己，对自己总是敌意多、善意少，攻击胜过了引发。"

"我们今天说中国古代，都只是一个封建社会，一套专制政治，全要不得，一口气骂倒了，没有了。但不是没有了中国古代，却是没有了我们各自的聪明和知识。"

历史如同水流。沟浍之水，易满也易涸；但长江大河蜿蜒千里，永不枯竭。如果没有上流的浩大，何来下游的深广？中国以农立国，深识水性。远古有大禹治水的神话传说，秦代有李冰造都江堰，迄今两千年规模不变。人性犹如水性，治人犹如治水，善防善导，才能融会团结成一个大民族。

梁启超也曾不遗余力地介绍大量西方学说。但是游历欧洲之后，他才发现一切没有想象中的美好，转而主张光大传统文化，用东方的"固有文明"来"拯救世界"。

对待历史，曾经有人心灰意冷、有人决绝放手、有人始乱终弃，而钱穆，他带着诚恳的心读历史，并在历史中找到了中国人的信心和傲骨。

现在是一个需要中国爆发的时代，但是在爆发之前，让我们静下心来，听一听钱穆说史，重新认识我们自己。

王艳明

2018年8月18日

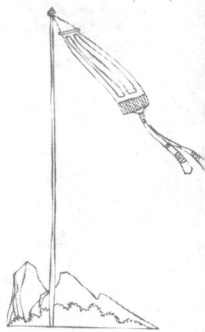

## 第四章 / 带着思想读历史

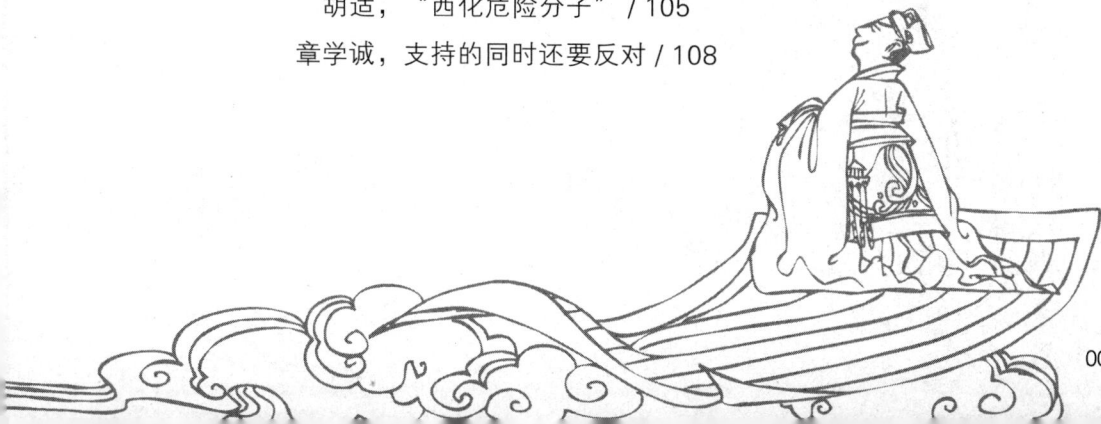

## 第五章 / 历史需要细看

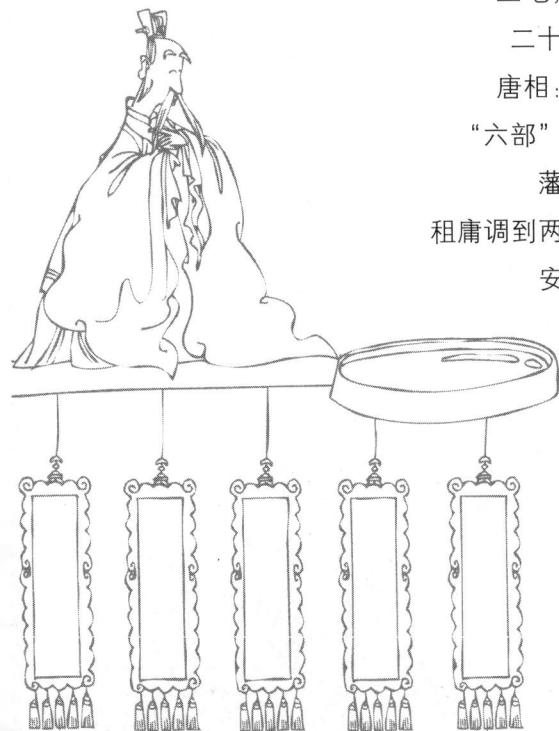

## 第六章 / 老故事，新想法

## 参考文献

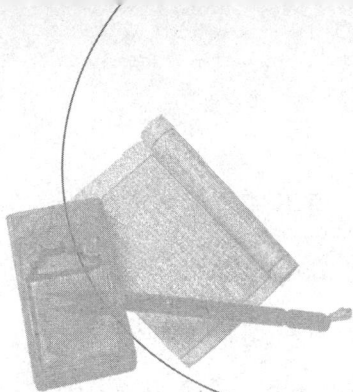

# 第一章

钱穆和历史

钱穆的一生，一直与中国文化息息相关。他先是自学成为小学教员，随后发表著作进入大学执教，最后离开大陆到香港、台湾讲学。钱穆不仅是一位历史研究者，也是一位历史的见证者。在他所生活的近百年里，中国经历了前所未有的内忧外患。但痛苦没有将他变成尖刻的批评者，反而让他如苏东坡那般，越多磨难，便越是温柔。

## 大陆、香港、台湾的文化苦旅

有一年暑假，钱穆在香港犯了严重的胃溃疡。他一个人孤零零地躺在自己创办的新亚书院一间空教室的地上。这时前来看望他的学生，也就是后来著名的历史学家余英时看到了这一幕，心

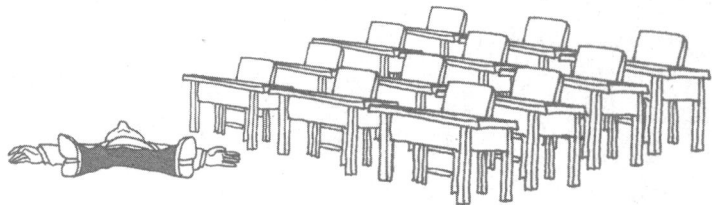

里不禁为他难受。余英时问他："有什么事要我帮您做吗？"

他说："我想读王阳明的文集。"余英时便去商务印书馆给老师买了一部，回来的时候，钱穆仍然一个人躺在教室的地上，如同一叶被浪拍打过的孤舟。

这是历史学家余英时对他的老师钱穆的一段回忆。那时的钱穆身患疾病，形单影只，刚刚在香港创办起了新亚书院。

钱穆先生本为江苏无锡人，七岁入私塾，十七岁辍学后自学，十八岁时开始任教于家乡的中小学。自此，他的青年时光大半就在家乡中小学的那三尺讲台上度过了。

直到三十六岁的时候，钱穆因《刘向歆父子年谱》而成名，通过北大教师顾颉刚的推荐，被聘为燕京大学国文讲师。

燕京是一所教会大学，在北平各大学中享有很高名气。当时校务主要由监督司徒雷登主持。司徒雷登设宴招待新来教师，询问大家对学校的印象。在会上，钱穆直言不讳地说："初闻燕大是中国教会大学中最中国化的学校，让我对它充满了向往。但是来了之后，感觉大不然。入校门就见'M'楼、'S'楼，这是什么意思？所谓的中国文化哪里体现得出来？最好还是命以中国名称。"事后，燕大召开校务会议，讨论了钱穆的意见，并最终采纳了他的建议，改"M"楼为"穆"楼、"S"楼为"适"楼、"贝公"楼为"办公"楼，其他建筑也一律以中国名称命名。①

①本书的楷体部分为引用文字或者根据行文需要与正文在形式上作出区别的内容。后者用于对正文的补充性叙述。下文不再一一说明。

跟着钱穆学历史

钱穆在北平居住了八年，授课于燕京大学、北大等名校，并在清华、北师大兼课。抗战时期，他辗转任教于西南联大、武汉、华西、齐鲁、四川各大学。

因为不合于当时批判历史的主流，中华人民共和国成立时，五十五岁的钱穆离开故土只身去了香港，从此告别了大陆的亲人。随后，他在香港创办新亚书院，并且坦言自己的想法：

我创办新亚的动机，是因为当初从大陆出来，见到许多流亡青年，到处彷徨，走投无路，又不是人人都有机会到台湾；而我觉得自己是从事教育工作的人，怎忍眼看他们失学。同时，也觉得自己只有这一条适当的路可以走。虽然没有一点把握，但始终认定这是一件应当做的事。

如今，新亚书院已经并入香港中文大学，成为香港文化历史上的一座丰碑。钱穆的尝试是成功的。

在香港转眼又是十八个春秋，1967年10月，钱穆应蒋介石之邀，自港抵台，从此定居台湾。

钱先生早年曾居住在五世同堂的大宅"素书堂"附近，于是他就以"素书楼"命名台湾的新居。在新居的庭院里，他还特意种上了家乡的植物：苏州紫竹。在台湾的钱穆专注于讲学与著述，由于患病，他视力逐渐下降，后来不得不由夫人执笔记下他口述的一些观点，结集成《晚学盲言》。

1980年夏天，八十五岁高龄的钱穆在夫人陪同下到了香港，此行的目的就是为了与阔别三十二年之久、生活在大陆的三

003

子一女相见。次年他再到香港，与长女长侄相见，1949年之前的那段历史，让这个热爱历史的人失去了太多与家人共享天伦的机会。

钱穆先生临终前曾有遗嘱：即使人不能回到大陆故乡，也要葬回去。为了完成钱穆魂归故里的遗愿，钱夫人将他的灵骨一直安放在台北永明寺，等待着归葬大陆。直到1992年，钱穆的骨灰才由台北经香港辗转送抵上海，于傍晚到达苏州，最后被撒入苍茫的太湖。这位劳碌一生的国学大师，终得偿所愿。

## 一生为招故国魂

钱穆的一生，从1895年到1990年，是近代史上变化最剧烈的一个百年。先是外族的入侵，继而内战，随后他旅居香港、台湾，直至去世才回到故乡。他人生的起点，是在素有"东南财富地，江浙文人薮"之称的江南水乡无锡的七房桥。

钱穆的父亲是一个秀才，因体弱多病，无意科名，但对两个儿子却寄予厚望，希望他们能读书入仕。四十一岁时，他撒手尘世，留下孤儿寡母，当时钱穆才十二岁。他就读的无锡荡口镇果育学校，是辛亥革命前无锡一所开风气之先的典型的新式学校。学校师资力量极佳，既有深厚旧学根底的宿儒，又有从海外学成归来具有新思想的学人。

国史大纲

45岁

20岁

10岁

跟着钱穆学历史

　　钱穆那时的体操老师钱伯圭，思想激进，是个年轻的革命党人。他见钱穆聪敏早慧，就问他："听说你能读《三国演义》？"钱穆答是。老师便借此教诲他说："此等书以后不要再读。此书一开首就有'天下合久必分，分久必合，一治一乱'之类的话，中国历史走上了错路时，才会有分分合合。如今欧洲英、法诸国，合了便不再分，治了便不再乱。我们当向他们学习。"

　　这番话对十岁的钱穆来说，太具有震撼力，日后，他在回忆此事时说："此后读书，伯圭师言常在心中。东西方文化孰得孰失，孰优孰劣……余之一生亦被困在此一问题内。"的确，钱穆的一生都在思考"东西文化孰得孰失"，从他的著作当中，可以看出他找到了答案，那就是坚信中国历史文化的优秀。

　　钱穆最早对历史进行全面论述的一部作品是《国史大纲》，写这本书的时候，钱穆四十五岁，走完了人生的一半旅程。这既是对他前一半人生积累的一次总结，也是为他后一半人生讲演所做的铺垫。他在《国史大纲》的前言中说：

　　凡最近数十年来有志革新之士，莫不讴歌欧、美，力求步趋，其心神之所向往在是，其耳目之所闻睹亦在是。迷于彼而忘其我，拘于貌而忽其情。反观祖国，凡彼之所盛自张扬而夸道者，我乃一无有。于是中国自秦以来二千年，乃若一冬蛰之虫，生气未绝，活动全失。

　　钱穆得出的最后结论是：治国史之第一任务，在能于国家民族之内部自身，求得其独特精神之所在。研究历史的首要任务，就是要从历史中找到它独特的精神所在。钱穆所找到的中国历史的精神，不是一个简简单单的总结，他历数每一个朝代，力求将那个时代里人们真实的心理和时代精神都还原，让长期干瘪的历史变得鲜活。所以他的弟子余英时评价老师时，用了一句"一生为故国招魂"。

《国史大纲》写作于战火不断的抗日战争时期，他希望通过自己对国史的解读，能够激发众人对本国历史文化爱惜保护的热情与挚意，阐扬民族文化史观，他的这部作品也被推为中国通史的最佳著作。

钱穆自述："余自《国史大纲》以前所为，乃属历史性论文，仅为古人申冤，作不平鸣，如是而已。此后造论著书，多属文化性，提倡复兴中国文化，或作中西文化比较。"余英时曾说，钱先生治学的"终极关怀"，"分析到最后，是为了解答心中最放不下的一个大问题，即面对西方文化的冲击和中国的变局，中国的文化传统究竟将何去何从"。

此后的时间里，钱穆笔耕不辍，《中国文化史导论》《中国人之宗教社会及人生观》《中国社会演变》《中国知识分子》《中国

历代政治得失》《中国历史研究法》《中国史学名著》……仅从其
著作的题名中，就可以看到一条回归历史的清晰线索。

钱穆一生专著多达八十种以上，每一本之中都可以感受到他
深切的爱国之心。1986年，在他九十二岁生辰，在素书楼讲完最
后一课，他告别杏坛，最后对学生赠言道："你是中国人，不要
忘记了中国！"

## 对历史的温情与敬意

钱穆最有风格、对后世影响最大的一段文字出自他的《国史
大纲》，开篇为：

凡读本书请先具下列诸信念：

一、当信任何一国之国民，尤其是自称知识在水平线以上之
国民，对其本国已往历史，应该略有所知。（否则最多只算一有
知识的人，不能算一有知识的国民。）

二、所谓对其本国已往历史略有所知者，尤必附随一种对其
本国已往历史之温情与敬意。（否则只算知道了一些外国史，不
得云对本国史有知识。）

三、所谓对其本国已往历史有一种温情与敬意者，至少不会
对其本国已往历史抱一种偏激的虚无主义，（即视本国已往历史
为无一点有价值，亦无一处足以使彼满意。）亦至少不会感到现
在我们是站在已往历史最高之顶点，（此乃一种浅薄狂妄的进化
观。）而将我们当身种种罪恶与弱点，一切诿卸于古人。（此乃
一种似是而非之文化自谴。）

四、当信每一国家必待其国民具备上列诸条件者比较渐多，其国家乃再有向前发展之希望。（否则其所改进，等于一个被征服国或次殖民地之改进，对其自身国家不发生关系。换言之，此种改进，无异是一种变相的文化征服，乃其文化自身之萎缩与消灭，并非其文化自身之转变与发皇。）

《国史大纲》这本书采用的是竖排的繁体文字，通篇用文言语句，正文的一侧有小的注解。这种中国人熟悉了上千年的行文，到了近代已变成了陌生的丛林。在这本书的开篇，钱穆就提出一种与当时的社会情况截然不同的历史态度——"对其本国已往历史之温情与敬意"，这对很多晚辈后生来说，无异于孔乙己的迂腐。

但是，"做中国人意味着什么？""究竟怎样一种价值观念，或者怎样一种文化，与历史的经验和共同的民族起源相互影响着，将中国人紧紧地维系在一起？"当我们面对这样的疑惑之时，热切的反传统者哑口无言。

但是钱穆可以从容应答，因为他心中有千年历史，更有对历史的温情和敬意之下的深刻理解。在他眼中，历史是另一个截然不同的世界。当有人在为历史的方向性与残酷性而辩护时，钱穆则在让他的学生描写红烧肉的味道，描述风穿过松树的声音；在我们为今日中国诚信坍塌而叹息时，却通过钱穆发现那个封建礼教的社会通过"礼"维持了一个值得依赖的价值系统与保障体系。

作为"礼"的化身、一心要成为道德楷模的君子的中国知识分子，钱穆从一开始就要面对两个截然不同的世界的拉扯：一

方面是现实的国际环境的残酷，中国面临的亡国之灾，而另一方面，他看到了那个存于诗词典籍中的士大夫的风雅世界。

钱穆没有海外留学的背景，也未追随喧嚣一时的各种新思潮，他在古籍里寻找另一个世界。从小学教师最终成为北京大学的著名教授，他是一名伟大的自我教育者。难能可贵的是，他似乎从未从线装书中逃遁，远离历史和现实的冲突所造成的痛苦。他也从未将古代中国世界想象成一个乌托邦，而只是在一片文化虚无主义的论调中，重申中国文化的独特性。中华文化的内在生命力，可以保证它在面对各种挑战时，仍能保持自身生生不息的生命力。但现在的情况却是，很多人已经忘记了保持这种内在的生命力，甚至有人悲观地说道："中华文明已死。"

钱穆自小就崇拜司马迁，他相信没什么比历史更能寄托中国人的智慧与情感。在抗日战争最为艰苦的岁月，钱穆不停挥笔写史，他跨越了几千年的风雨，演绎着中原文明不断受到外族冲击并最终却将外族融入中华文明的历史，以及中国人在面对外来挑战时所表现出的气节与机智。在一个西方世界占据优势的时代，当中国正在跌落自信的谷底时，钱穆希望我们对自己的历史保持着"温情与敬意"。

如今的社会中，也充满了重振儒学的口号，但这种重提旧事的方式，与当年毅然抛弃传统的决绝毫无二致。风范可以被传递，却

不能被机械地模仿。如今的中国传统看起来就像是博物馆中的展品，人们不知道如何赋予它现实的生命力，唯有钱穆的那份庄重而温情之意，可以唤醒它们的灵魂。

## 孤独的大师

钱穆后来虽在众多知名大学任教，但他本人却只有高中学历，这与他曾参与一场退学运动有关。

当时，钱穆在常州府中学堂学习，学校新上任的舍监陈士辛，不像前任舍监一样对学生循循善诱，他教学生修身课，但却无法与学生融洽相处。在年终大考前，钱穆所在的年级集体提议，要求校方减去修身课，增加希腊文课等。钱穆等五人是学生公推的代表，他们以集体退学相要挟，但是最后没有得到学校的让步。钱穆性格倔强，他毅然拒考，填退学书，自动退学。

在这次学潮的五位代表中，一位是创办《国故》月刊的常州张寿崑，一位是江阴的刘寿彭，即新文化运动时期写了《教我如何不想她》的刘半农。剩下的三人中，还有一位是瞿秋白，还有一人是校长的三弟。

刘寿彭当时在同学中名气很大。他曾被舍监陈士辛召到屋里谈话，出来后在厕所里大声叫道：不杀陈士辛，我就不是刘寿彭！但他当时并没有和钱穆同时填退学表，而是在期末考试后退了学。之后他到上海参加了新文化运动中的"星期六派"，后又

跟着钱穆学历史

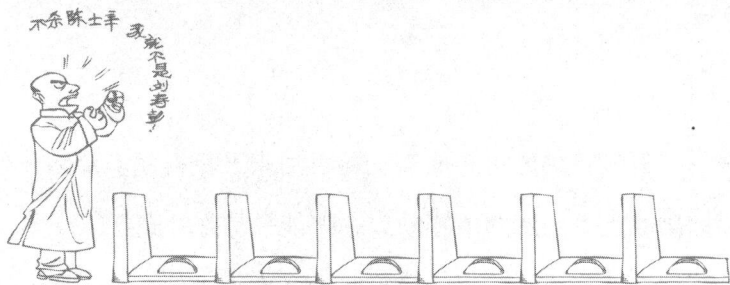

被陈独秀召去北京大学，改名半农，是提倡白话文的干将之一。

二十年后，钱穆赴北平教书，恰好当时刘半农也在北大。他乡遇故知，不喜欢结交朋友的钱穆登门拜访刘半农。刘半农客气地留他吃了午饭，两个人交谈了近两个小时。但在常州府中学堂时期的事情刘半农只字未提，既不问钱穆二十年来的情况，也不谈提倡新文学方面的事情。钱穆后来感叹道："不客气乃旧相识，无深语似新见面。"他猜想，当时刘半农已经名满天下，大概不愿意谈那些陈年往事。既然刘半农与自己意气不相投，所以也不谈他的新思想。从此以后，钱穆便不再和刘半农来往。

这一则故事，可以看到钱穆本人的"文人气"，道不同不相为谋，即便是文人名士他也不愿交往。在北平的八年时间里，胡适深受北大老师的尊敬，很多人经常到胡适家中拜访，畅谈大小事，也有人以此来请胡适通融体恤。但是钱穆从来没有主动拜访过胡适，他和古代文人一样，有洁身自好的情结，宁愿为了理想和名节而独处。

终其一生，钱穆都可以称得上是孤寂的。中年离开大陆，迁居港岛，虽然避免了被"思想改造"，但同时也付出了远离故土、抛妻弃子的代价。据他的学生余英时回忆，钱穆初到香港时，曾经与余英时一家观看一场有关亲子之情的电影，向来能够"以理驭情"的钱穆，想起在大陆的儿女，禁不住悄然泪下。传统文化甚重父子之情，此时已届中年并且毕生信仰中国传统文化的钱穆，其孤寂之感可想而知。尽管后来又觅得胡美琦为伴侣，然而远离故土、儿女的情感缺口，哪能轻易弥补呢？

萦绕在钱穆周围的另一重孤寂便是学术上的。"新儒家"是近二十年来甚为风行的一个概念，钱穆一代通儒，自然也被划为新儒家之列。但是余英时在他的《钱穆与新儒家》一文中，用近四万字力辩钱穆并非传说中的新儒家。在余英时的眼中，虽然钱穆的儒学功底深厚，毕生尊奉儒家思想为人生信仰，但钱穆并不认同当代新儒家所推崇的由韩愈创立的哲学家式的道统说，而是坚持"整个中国文化即为道统"的历史学家道统观。

作为一个保守主义者，钱穆更是孤独的。在世界史上，保守并不意味着落后，然而在民国时期，激进主义迅速膨胀，各种渴望进步的势力都不约而同地把矛头尖锐地指向以儒学为代表的中国传统文化，钱穆在这样的历史环境下高呼"对历史的温情与敬意"，近乎偏执地为传统文化辩护，就无可避免地成为逆乎潮流的老朽。钱穆注定孤独。余英时在他的文章中说，"钱先生无疑是带着很深的失望离开这个世界的"。

不过，钱穆能著书立说、硕果累累，成为"最后的大师"，正是因为他这种卓然不群的品性。大师独自承受孤独，却留给后世一个高大的背影。

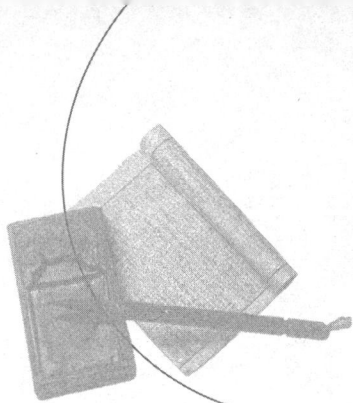

# 第二章　发现历史的价值

梁启超曾说，史学是所有的学问中比重最大、内容最切要的一个学科，是国民素质的基本，也是爱国之心的源泉。正所谓"鉴于古而知今"，历史的价值，就在于帮助后来人更深入地了解自己。钱穆说，"我总想把我对书所了解的告诉人，那是庄子所谓的与古为徒"。与古为徒，看到的不仅是古人的悲欢离合，也是今天的聚散兴亡。一部《资治通鉴》，毛泽东读了十七遍，历史的洪流，怎能在只言片语中看透说透。

## "历史就是我们的生命"

历史对我们来说究竟意味着什么？钱穆的回答是："历史就是我们的生命。"

反思

行动

反思

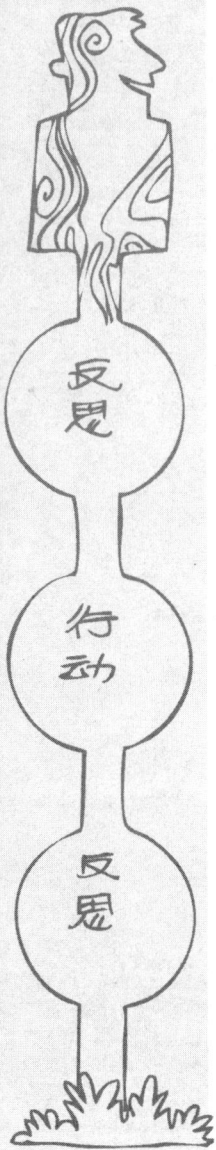

"历史是一种经验，是一个生命。更透彻一点讲，历史就是我们的生命。"钱穆在《中国历史精神》一文中将历史与生命画上了约等号。

既然是一个生命，那么属于这个生命的任何一段都具有同等重要的意义。如同一个人的少年、中年、老年时期，在他的人生中没有轻重之分。少年的苦闷会带来中年的思索，中年的思索会带来日后的反省、总结……人生就是这样一个"反思——行动——反思"的回旋上升，每一个环节之间都有承上的果和启下的因。我们不能因为一个人晚年优秀，就忽略他少年时的无知；同样，也不能因为一个人最后那普通平淡的结局，就否定他人生中的奋斗。

然而，与钱穆同时代的人因为国运不济、备受侵略的现实，将一切落后的原因都归结到了我们对历史——这个我们一直反复研究、寄予厚望的存在。在我们的传统观念中，历史涵盖着智慧、文化和兴衰秘密，几乎无所不包。但这种信仰被坚船利炮摧毁之后，因爱生恨，历史反而成了阻碍国家前进的绊脚石。

新文化的倡导者胡适曾专门发表文章说：

中国的旧文化的惰性实在大的可怕……我们肯往前看的人们，应该虚心接受这个科学工艺的世界文化和它背后的精神文明，让那个世界文化充分和我们的老文化自由接触，自由切磋琢磨，借它的朝气锐气来打掉一点我们的老文化的惰性和暮气。……如果我们的老文化里真有无价之宝，禁得起外来势力的

提倡新道德

反对旧道德

提倡新文学

反对旧文学

洗涤冲击的，那一部分不可磨灭的文化将来自然会因这一番科学文化的淘洗而格外发挥光大的。

为了加强"西化"的力度，胡适不久之后又撰文再次声明：

我指出中国人对于这个问题（中西的文化冲突），曾有三派的主张：一是抵抗西洋文化，二是选择折衷，三是充分西化。我说，抵抗西化在今日已成过去，没有人主张了。但所谓"选择折衷"的议论，看去非常有理，其实骨子里只是一种变相的保守论。所以我主张全盘的西化，一心一意的走上世界化的路。

胡适的本意在于鼓励中国大胆地接受世界，但是无意之中为反对历史的人增加了底气。一时间，很多人认为抛弃历史、向西方学习，国家才有未来。加之人们对响遍街巷的"提倡新道德，反对旧道德；提倡新文学，反对旧文学"的口号单纯理解为反对

历史是我们的生命！

历史，历史成了"保守""落后""封建""愚昧"的代名词，受到四面夹击。犹如一个人，因为发现眼前没了路，就彻底否认自己过往的选择和一路曾遇见的风景，而急于从别人那里找寻路的方法。

面对此情此景，钱穆无意做书斋中的闲云野鹤，他说："余亦岂关门独坐自成其一生乎？此亦时代造成，而余亦岂能背时代而

为学者？"于是，钱穆站出来振臂疾呼："历史是我们的生命！"

　　钱穆所说的历史和生命，并非一个人的历史，也不是个体的生命，而是一种群体的、人类的人生，即"我们（全部）的人生和生命"，亦即一个民族、国家乃至人类的生命。

　　"我民族国家已往全部之活动，是为历史。"

　　"历史只是一件大事，即是我们人类的生命过程。"

　　中华五千年来的历史犹如一条长河，这长河当中，有"一将功成万骨枯"的悲壮，也有"红桃绿柳垂檐向"的繁华，这些画面的背后，是一张张积攒了悲喜的面孔。秦皇汉武，唐宗宋祖，明十七帝，清十四朝，哪一天不是有人在成长、婚嫁、生死，将来也会是这样。那些活在过去的人，他们曾和我们一样，或踌躇满志，或黯然伤神，得意时仰天大笑出门去，失意后"明朝散发弄扁舟"。属于他们的是短短数十年，但是在这短暂生命的明灭之间，汇成了钱穆所说的中华历史，这样一个光芒万丈、长久的、饱满的生命。

　　对历史的断然否定，如同将那些鲜活的生命和智慧一概否定一样，而我们不过也是这历史长河中的沧海一粟，将来的人可能如我们一样，将一切轻易地抹杀掉。

　　我们的历史就是这样一种记录着一代代人的一

中华五千年历史长河

一将功成乃骨枯

个有生命的年轮。这个生命过程中有汉唐盛世那样的辉煌，让我们今天更有理由回顾过去，去倾听历史的声音。割裂历史，抛弃以往的经验，这样的举动既缺少理性，更是对生命的妄自菲薄。

## 没有传统的民族犹如散沙

曾有人说，好的东西不用保护，自然就会流传下来。言下之意是传统文化如果好的话，就应该经得起任何风吹浪打，只有不好的才会被淘汰掉。这种观点显然高估了传统文化的生命力，因为从古至今，流传下来的并不一定是好的东西，而是实用的东西。尤其是人们在精神上需要启发和引导，又时常陷入迷惘无知。很多宝贵的精神遗产，在实用主义面前并不讨好，但却对一个民族的精神品格有很大影响。

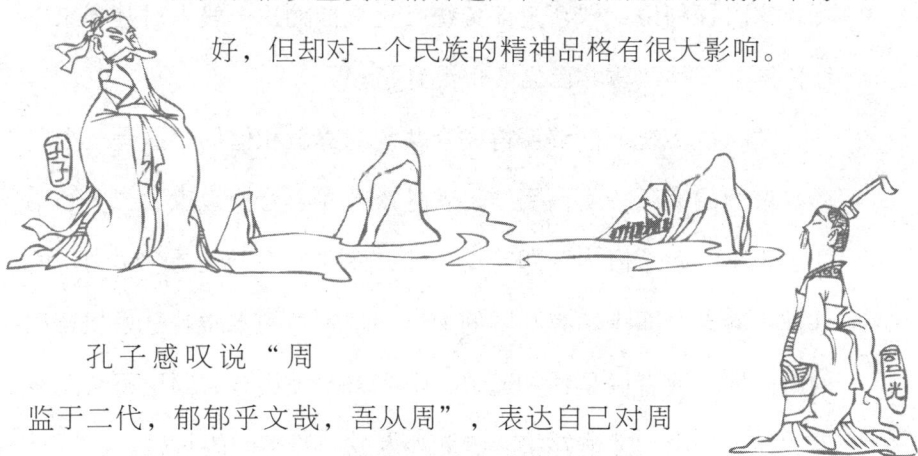

孔子感叹说"周监于二代，郁郁乎文哉，吾从周"，表达自己对周朝仪礼之风的仰慕。当他看到"八佾舞于庭"，忍不住气愤地说："是可忍也，孰不可忍也？"周朝之礼废，孔子急得捶胸顿足；司马光著《资治通鉴》，从三家分晋开始，也是为了告诉宋朝皇帝要知道做天子的本分。这是历代传下来的为君之道。如果又没天子的威

严，就会引来三家分晋这样的诸侯之乱，阻碍天下统一。

无论是孔子还是司马温公，他们都是礼治的倡导者。既然要倡导，可见好的东西并不一定具有顽强的生命力，有时候更需要智者有意识地加以引导。钱穆就是这样一个引导者。

在钱穆的时代，"对清王朝政权之不满意，而影响到对全部历史传统文化不满意"，这已成事实。传统文化受到彻底的质疑，这时钱穆说："若全部传统文化被推翻，一般人对其国家以往传统之一种共尊共信之心也没有了。"

"以往传统"能够赢得民众共同的尊敬和信仰，这是一个民族凝聚力的来源。所谓团结，就是众人齐心协力之意。"齐心"即思想统一，"协力"即行动一致；而"齐心"正是"协力"的基础。凝聚力即指"齐心"的力量，凝聚力的本质就是思想意识的趋同性，或者说是精神追求。唯有整个民族有共同认可共同尊奉的精神追求，才能够将一盘散沙变成一堵坚固的长城。

说到民族的凝聚力，作为中国邻邦的两个国家，日本和韩国是世界上公认的凝聚力最强的国家，一个是为了天皇可以切腹的武士道国家，一个是为了支持国货可以砸掉公务员的非国产车的"泡菜国"（韩国以泡菜为国粹，此称并无贬义），他们在外人眼中都是团结得可怕的民族，又都是两个具有自己的性格和传统的民族。这两个国家在保护和传承传统文化方面都下了很大的功夫，虽然两个国家都积极地向西方学习，但和服韩服还是他们民族的代表。对传统的推崇和由此产生的自豪感、凝聚力，使他们让西方人既敬畏又好奇。

有趣的是，这样两个国家都是受到汉唐文化辐射的国家，他们文化中的精髓都与儒家思想一脉相承。长幼有序、妻贤子孝，这些儒家的纲常在这两国人民的生活中体现得更加明显。传统是他们的凝聚力，而这种传统本来来自中国。现在，一些国人却要抛弃这种传统，想要建立一个"崭新的国家"，对于我们这样幅员辽阔、民族众多的国家来说，没有一个共同信仰的传统，很难团结一致，上下齐心。

中国并不缺少传统。从中国的第一本史书《尚书》至今，中国历史没有缺少过记载，更没有出现断代。虽然江山不断更换君主，但他们都遵照前代的传统，继续修史、为政。从井田制到一条鞭法，任何制度的改革都是在前一朝的基础上调整和完善的。可以说中国是世界上传统最具延续性的一个国家。

钱穆认为，中国历史的这种传统与古希腊古罗马的文明中断是截然不同的，古希腊古罗马有很多谜底等待后人解答，因为后起的文化与前者没有连续性。但是在我们的传统中，很多道德上、生活上的制度都是有章可循的，追根溯源，可以找到一个满意的答案。

我们现在缺少的，是对传统的认可和信任。钱穆举例说："譬如我们讲考试制度，这当然是我们中国历史上一个传统极悠久的制度，而且此制度之背后，有其最大的一种精神在支撑。但孙中山先生重新提出这一制度来，就不免要遇到许多困难和挫折。因为清代以后，考试制度在中国人精神上的共尊共信的信念也早已打破了。我们今天要重建考试制度，已经不是单讲制度的问题，而还得要从心理上先从头建设起。换言之，要施行此制度，即先要对此制度有信心。如在清代两百几十年，哪一天乡试，哪一天会试，从来也没有变更过一天。这就因全国人对此制度，有一个共尊共信心，所以几百年来连一天的日期也都不动摇。这不是制度本身的力量，也不是政治上其他力量所压迫，而是社会上有一种共尊共信的心理力量在支持。当知一切政治、一切制度都如此。"

制度无法建立，民族就会缺少保持团结的秩序，这样的民族是缺少凝聚力的。我们并不是没有传统，但是如今却似有还无，传统等待着从故纸堆中走向普通人的生活。

## 不读历史，莫谈爱国

从人之常情来说，必先"认识"才能产生"情感"。人最亲的是父母，其次是兄弟、夫妻和朋友。喜爱是产生在有所了解的基础上的。人会为了他所爱的而奋斗牺牲，人也只会爱他所崇敬、尊重的，人又只会崇敬、尊重他所认识与了解的。

并不是所有的父母都是世界上最伟大的人物，但他们通常都

能得到子女真诚的爱。只有先去深切了解，才会有深切的热爱。如果一个民族对已往的历史无所了知，他们失去的不仅是文化，还有对民族的深厚感情。这样的民族，也就不能真正去奋斗、牺牲，去为了一个光明的前途而努力。

钱穆从中国的历史中分明读到了骄傲和伟大。但是他的一生，开始于维新派的公车上书，结束于台海民间往来解禁之前。在这个百年里，他看到的又分明是狼狈和破败。到处是流民、乞丐，良田变成了焦土，烟柳秦淮上见不到风流倜傥的文人，港口上走着趾高气扬的洋人，中国人都成了苦力劳工……在这样的国家，有谁能真正去爱自己的文化和历史，能静下心来听一听老人口中的陈年往事呢？当然，历史中不仅有汉唐盛世，还有藩镇割据、宦官当道，只有这些都了解，才算得上真正地认识中国，也才能说了解中国、爱中国。即使有盲目的爱国之心，但是如果对历史一无所知，这样的爱就不但无力，甚至危险。

发生在近代的义和团运动，就曾被人以爱国的名义蒙蔽，牺牲了自己的力量。一开始，义和团不过被清廷视作黄巾军之类的匪贼，但从1900年6月起，义和团却成了天之骄子。当时，慈禧与列强的关系急剧恶化。无奈之下，慈禧借义和团向列强施压，以迫使列强让步，让列强放弃支持维新。

不过，甲午战争失败之后，慈禧已经明白不可能真正打败列强，她不过是想借着义和团威慑而已。但当威慑失效后，慈禧做出了杀尽境内所有洋人、对十一国同时宣战的极端弱智的决策。这一切不过系于她的一念之间。

但是宣战上谕上却写着列强"欺凌我国家，侵犯我土地，蹂躏我人民，勒索我财物"等滔天罪状，似乎宣战决策完全出于爱国爱民的凛然大义。读一读清朝近百年的历史，就能知道这不过是慈禧要将维新彻底扫除。但是义和团在这样的感召之下，会众走上了疆场，杀公使，烧教堂，攻使馆，义无反顾，前仆后继。

义和团的爱国是真切的，但是却被人利用，成了为维护慈禧的名分而挣扎的炮灰。他们的爱国之心遭到如此的轻贱，还浑然不觉。这种天真的爱国心，正是对以往全无了解、毫无历史判断能力所导致的。

"然而中国最近，却是国民最缺乏国史知识的国家。"

人人都说着要革新，但是真正的革新应是先知道过去，有旧才有新。不知道病在哪里，如何开刀施药？仅凭着对过去的空想，鲁莽行事，对现状其实是只有破坏而很难有改进。

但凡对已往历史抱一种蔑视的人，其实是一切真正进步的最大阻碍。只有通过过去，才可认识现在，也只有对现在有真实的认识，才能对现在有真实的改进。因此，可以说历史知识的可贵之处，不仅于鉴古而知今，而是将为未来的精神尽其一部分孕育与向导的责任。

如今有一些人认为抛弃历史无关紧要，既对民族已往的文化一无所知，还说着自己爱国。这样的爱，就像农人爱他的耕牛。他仅仅知道自己的身家地位有所赖于对方，爱国也不过如此。但凡为了国家而奋不顾身的人，他们对一国家的历史必然有一种深刻的理解和爱。

因此，想要国民对国家有深厚的感情，必先使其国民对国家已往的历史有深厚的认识。想要国民对国家当前有真实的改进，必先使国民对国家已往历史有真实的了解。

## 我们不讲"主权"，但讲"责任"

西学开始东渐的时候，西方人对政治的看法，也渐渐进入中国，影响着中国人的政治思维。西方喜欢讲"主权"，他们说的"主权在民"正好与国内当时批判的"封建专制"形成对比。在一些西学进步人士的大力倡导下，很多人拿着"主权在民"这个理由咒骂封建专治社会的"万恶"。

就像医学上，西医的分析方法很难

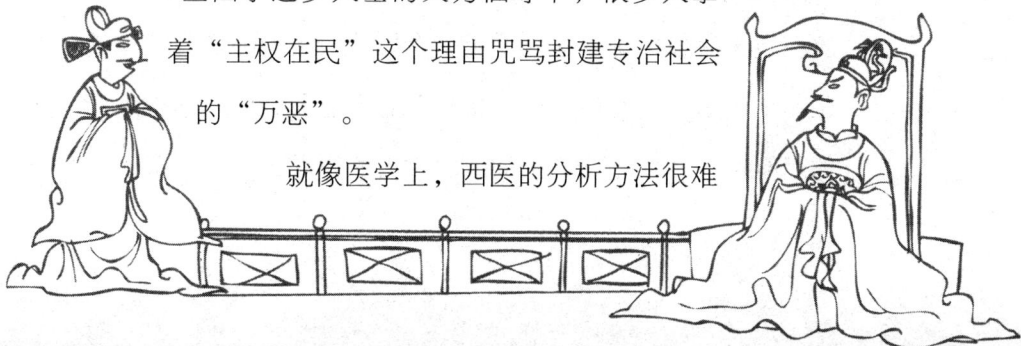

解释中医中的五行、气穴一样，主权思想发端于西方的历史观念进程中，西方的很多制度是建立在主权观念上的，中西的不同之处正在于此。钱穆举例，很少有人追问明代的政治主权在哪里，因为中国人讲政治，看重的是职责。在其位，谋其职。一官必有一职，皇帝在政府里也有一份职责。按照西方的观点来说，若说一个茶杯的主权属于谁，就是说谁可以自由使用这个茶杯。这是一种权利，并非是道义。主权的背后，是一种自由意志。但是按照中国不论主权而论职责的观点来说，职责所在，背后就有应该尽力去履行的一种道义，而没有所谓的自由意志。中国的人生是道德的人生，因而我们讲主权是很难讲清楚的。

在这一点上，美国一位权威人士对中国的盲目西化作了生动的描写，他旁观者的角度或许更能说明问题：

1911年在中国建立起美国共和政体的仿制品，真是荒唐可笑。……那一种共和政体是一个大失败，因为它在中国的历史、传统、政治经历、制度、天性、信仰、观念或习惯中毫无根基。它是外国的、空洞的，是附加在中国之上的。它随着时间的推移很快就被除去。它不代表政治思想，只是政治思想的一幅漫画，一幅粗糙的、幼稚的、小学生的漫画。……这种共和政体悲惨地结束了，即悲惨地失败了。然而，失败的并不是共和政体……而是一代人。

"我们不能拿我们今天学了西方的一点皮毛，其实也学得很少很浅，而用来批评中国传统政治，这实是一个很主观的讲法，实在也没有仔细去读这两千年来有关政治上的书。"钱穆熟读中国历史，因此他对中国的"主权"有自己的看法。他按照西方人的思路讲述了中国历史上的政治主权的归属，认为中国的主权，

跟着钱穆学历史

说到底在读书人的手中，而读书人代表的又是普通百姓，他们来自民间，大多出身贫寒，因此可以说，我们的政治权利是开放给广大群众的。

何止在政治上，在钱穆看来，当时的国人处处拿着西方的体制来衡量自己，就是在文化、科技等诸多方面，我们也处处以西方的标准为"国际标准"，想尽办法来达到这个标准。我们也常常因为自己不符合这个标准，而产生摩擦，遇到挫折。

钱穆对中国历史的思考有其独特性，他的不少观点并不是人们的共识，有不少人认为他过分夸大了中国传统文化的优越性，而冠之以"东方文化派"之名。今天，全球化的进程与钱穆所处时代已大为不同，人们已越来越清晰地意识到全球化不是西方化，不能以西方文化为圭旨，而应该肯定世界其他文化的独特性，并立足于这种独特性创造性地贡献于全球化的进程。在这种时代背景下重新阅读钱穆自有一番新的意义。

## "学术"不在国外，在人心

留洋镀金在近代就已经开始成为一种时尚，钱穆正赶上留洋的第一拨。他说："今天有人说，我们要研究中国学问，怕要到外国去，如像日本、美国；在他们那里，所藏中国书很多。但亦仅是一堆书而已。"学术未必就一定在西方的图书馆里，在这一点上，钱穆本人就是最好的例证。

钱穆此前从来没有离开过中国，也从来没有离开过线装书，他对历史的真诚和忠心受人嘲笑，但是他内心毫不怀疑，可以说是将毕生的信念都交给了书籍。而最终他也是倚靠着自己对历史的信念，成为一代宗师。

钱穆说学术不在国外，这里的"学术"指的是国学。不过钱穆又说"国学"这个词原来是没有的，只是到了近代，才有了这种提法，国学才成为众多学问的一种。

比如类似美国哈佛大学的胡佛研究所，海外各种各样具有优厚条件的学术机构，对于很多华人学者来说是一种巨大的诱惑。大批学者为了治学而远赴海外，这是革命初期一群有志青年力图改变旧中国的一条途径。但是最终成就一批大师的，不在于海外的学习环境，而在于个人学习的诚意。

傅斯年与钱穆是同时代的人，他曾邀请钱穆参加他主持的历史研究所。傅斯年从北大毕业后，考取了官费留学。1919年至1926年他先后留学英、德。当时的留学生大都"不务正业"，在众多学生当中，真正把所有的精力都用来读书、心无旁骛的只有陈寅恪和傅斯年两人，有人把他俩比作"宁国府大门口的一对石狮子"，意思是说只此二人是纯粹的学者。有的人读书不行，但还是设法弄了一个博士学位风风光光地回家了，傅斯年连硕士学位也没拿到，但没有人不佩服他学问的渊博。任历史语言所所长二十三年间，

他培养了大批历史、语言、考古、人类学等学科的专门人才，在大学执教期间，傅斯年也深受学生的敬爱，是一位不折不扣的好老师。

中国有句俗话叫作"公道自在人心"，同样，"学术自在人心""尊卑自在人心"。用一句时髦的话说，就是"人才是真正的主语"。钱穆相信，古人中有真名士，与国外任何一个思想家、金融家相比，都毫不逊色。我们能够学到古人中优秀者的精神，也就能够做好学术、建设好社会，不需要将希望寄托在别人的身上。

然而时至今日，还有不少人除了知道我们自己的历史是需要批判的、外国是领先的，其他则茫然无知。这样的状况，必然导致国民对国家没有信心，对自己没有信心。比如，去往国外接受"更好的教育"是现在中国父母的一个共识：不能让孩子留在国内受应试教育的"摧残"，要让他们去先进国家感受最好的教育方式。然而，面对这样的情景，钱穆或许会说：学术也不在国外，教育也不在国外。

钱穆说："有书无人，有文而献不足。诸位到日本到美国，也只是死读书，没有什么了不得。"一个人如果能力不够，没有意识到真正决定学问的东西是什么，去哪里都是一样的。他以台湾为例，"犹如我们今天在台湾，论起书本来，也并不输于到美国日本去。小小的一个台北市，有故宫博物院、中央图书馆、台大图书馆在那些处，除掉从前在北平，别处便不易找到这么许多书。我们要从

许多书中来研究中国历史文化，也该尽够了。

但诸位要知，还有一件重要的事情是先生。"

先生就是老师，是利用好这些材料的人，是一种面对客观历史的主观思想。没有这样的主观思想，做学问、谈发展，光指望国外是不够的。

## 耶稣教也没能挽救罗马

钱穆认为，在中国的学术史上，宋代是一个极盛时期。上比唐，下比明，宋代的学术都有模有样。唐代与明代在经济上富盛，而宋代衰贫。从国势上来看，宋不如唐、明。但是学术恰恰不同，"唐朝只是佛学大盛的时代，宋不能及。若论文学，唐宋各有长处，唐诗并不一定就是在宋诗之上。如讲古文，虽然由唐代韩愈、柳宗元开始，可是宋代的古文胜过了唐代。经史各方面，唐朝都远不能与宋代比。明代也不能与宋代比。"

耶稣教也没能挽救罗马

清代喜欢讲"宋学"，这种称法实际含有贬损之意。但是在钱穆看来，清人的"宋学"之谓有两种错误。

一方面，清人有门户之见，他们自称为汉学，以与宋学分立门户。尤其是乾嘉以后，对宋学的轻视贬低日益严重。一般我们所谓的汉宋之争中，汉学注重对经典做实事求是的考据工作，更接近于科学；宋学注重对经典做微言大义的发挥工作，更有哲学意味。两种学问本没有轻重是非，但是在清代，很多人对宋学的

评价不高，认为它没有学术价值。

　　另一方面，认为宋学空疏而缺乏实际用途的观点也大可商榷。民国以来，很多人接受了清人的这种看法，并且说，若是宋代学术好，为何不能救宋代的贫与弱！

　　钱穆巧妙地回答了这个问题。"春秋战国时期有孔孟儒家乃至先秦诸子百家，也并没有避免乱世。我们现在一心一意佩服的西方人，他们的先哲苏格拉底、柏拉图、亚里士多德也并没有拯救希腊。又比如罗马帝国，后来遵奉了耶稣教，但耶稣教也并没有挽救罗马。可见我们不该用一种浅薄的实用主义来批评学术。"

　　苏格拉底、柏拉图、亚里士多德是古希腊的三位哲学家，他们都提出了自己的治国理想和政治见解，并成为西方哲学的奠基者，但是希腊这个曾经古代文化辉煌灿烂的所在，最后却被罗马征服了。基督教也的确曾为罗马帝国的统一发挥过重要的作用。有人说罗马征服世界第一次是凭武力，第二次是凭基督教，但基督教最终也没能拯救罗马。古罗马原本和古希腊一样，是一个多神教的国家，后来信奉了基督教，它还是被北方蛮族的远征军消灭了。

　　钱穆的话一语中的。崇拜西方文化的人认为传统文化无用，其实西方文化也有"无用"的时候。孔孟之学和先秦诸子之学，虽然没有对拯救乱世发挥立竿见影的作用，但也自有它的价值。就算它们不能挽救春秋战国时代的战乱，但这些思想对汉以后的大一统局面有重要贡献，还为后来的中国学术史建立了一个很好的思想基础。宋代的学术，也不能救宋代的衰亡，但也为宋代以下的中国建立了一个很好的基础。

五四运动爆发前，各种流派的西方思想涌了进来，其中就包括实用主义，钱穆那一代人首先受到了冲击。1919年五四运动前夕，实用主义大师杜威来华讲学，也带来了他的实用主义思想。

据史料记载，杜威在华停留两年零二个月，足迹遍及北京、直隶（今河北省）、奉天（今辽宁省）、山西、山东、江苏、江西、湖北、湖南、浙江、福建、广东等省市，作了一百多场讲座。他在讲演中传播实用主义哲学，宣传美国的文化、社会政治观、道德观和教育观，在我国知识界中产生很大影响。传播与宣传实用主义的代表人物首推胡适，他不仅系统地介绍实用主义哲学，而且把杜威的方法论概括为"大胆假设，小心求证"，并具体运用到"朴学"与"红学"的研究中。教育家陶行知，也成为实用主义的积极传播者与推行者。另外一个人物是时任《新教育》主编的蒋梦麟，在"杜威号"上发表《杜威之伦理学》《杜威之道德教育》，对杜威伦理学的历史地位，杜威如何从社会与心理出发阐明道德教育原则等问题，都作了深刻论述。

实用主义者只管结果，而不问方式是否合乎实际、合乎原则。也就是只管效用、利益，不管是非对错。只要是有用的即是真理，一时无用即为谬误。但是

跟着钱穆学历史

我们传统文化中有很多东西，那些修身养性、中庸平和的思想，并不能马上将中国内忧外患的情况改变，所以，人们得出传统无用的观点，要将传统抛弃得远远的。钱穆认为这种做法是"浅薄的"，因为他坚信历史中的智慧绝非是短期的得失可以衡量的。

正如他所说，西方的精神也没能挽救西方的苦难，我们的传统也绝非是暂时无用就可以抛弃的。学术的价值在哪里？钱穆说学术重要的作用是能够指导后人的生活，但是更重要的是要先理解古人的用心。如果为了改善眼前的情况而忽略了古人的真实想法、工夫，这样的学术是不成熟的，也是经不起推敲的。

## 亡文化便要亡天下

历史上，任何成功的入侵都是以文化上的入侵为标志的。

日本人占领东北之后，要求东北的学校在教学中将日语作为母语，历史课上不仅美化侵略，而且只教授日本史和满族史，没有中国史；在语文教学中，把汉语当作少数民族语。很多小孩子从小说日语、穿日本校服、唱日本国歌，直到东北解放之后，才知道原来自己是中国人。

一个国家如果没有了承载自己文化的语言和文字，这个国家就不存在了。要想保护好自己的国家，首先也要保护好自己国家的文化。

但是，"打倒孔家店"是新文化运动

中最有力量的一句口号，传承了数千年的文化经典在这句口号下遭到前所未有的攻击，力求进步的人们认为将孔家店抛却得越远，就越能换来社会的进步。尽管这种进取心迫切得很，但进步却并不是打倒谁就能取得的。很多人都明白，打倒孔家店是需要斟酌的，但碍于进步分子的质疑，只能三缄其口。唯有钱穆站出来逆流而行，要把孔子和《论语》扶上传统的位置。

近代中国面临内忧外患，必须图强。新知识分子看到西方的强盛，希望通过走同样的道路实现中国的强盛，故主张学习西方的文化及思想，"科学""自由"及"民主"被反复提倡。

譬如，胡适认为中国必须经过西欧的"文艺复兴"才能进入"现代化"，他所提倡的新思潮、白话文、现代文学等便是仿效西方的"文艺复兴"。新文化运动前后，凡能对中国有利的，无论是英、法、德、俄、美或东亚的日本，都会被介绍到中国。譬如，1918年易卜生到中国表演戏剧，提倡女性自主自由；1919—1920年间美国哲学及教育家杜威到北京访问，并在各地讲学；1920年英国哲学家及政治家罗素前来中国讲学；1922年美国女性主义者桑格造访中国发表节育问题讲座；同年，科学家爱因斯坦到日本顺道访问中国；1924年印度诗人泰戈尔前来中国演讲等。

在这种时局下，两种现象应运而生：一是一意效仿西方，二是摒弃传统文化。

看到年轻人对国故典籍渐渐漠然视之，钱穆便想写一本给现代人阅读的《论语新解》，但直到去美国讲学时才得以从容地开笔，这本书在1963

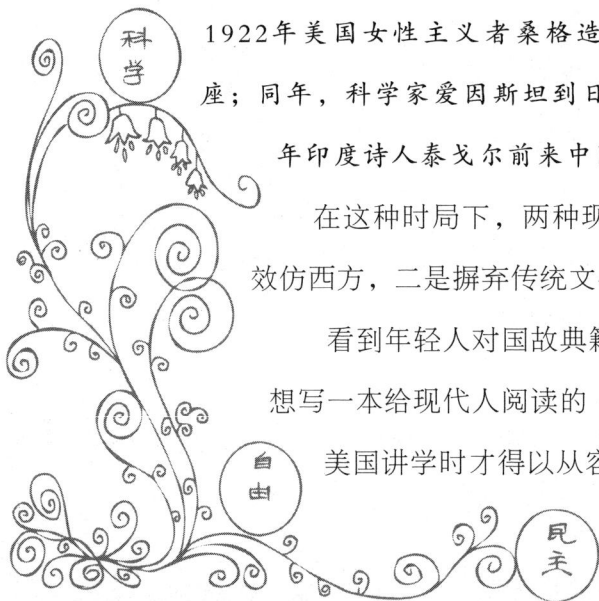

年完成。

当然，《论语新解》不是纯粹为了"敬告青年"所作的，它的学术性并没有降低。在"一意效仿西方"方面，不仅表现为政治上的西化，连学术、思想、教育等方面也受到冲击，最明显的就是学习西方"科学"。胡适提倡"以科学方法整理国故"，顾颉刚提倡"古史辨"及傅斯年倡议"材料史学"等，基本上都是在"科学主义"的指导下进行学术研究。所以提倡传统学术方法中的精华，也是他撰写新书的用意。

新文化运动时期，许多不利的言论、矛头都对准传统文化。譬如，有陈独秀的"批孔"，政治"专制"；胡适的"打倒孔家店"，"整理国故"，"重估一切价值"；鲁迅的"批评国民的劣根性"，"不看中国书"；钱玄同的"废除汉字"；吴稚晖的"把线装书扔入茅厕"；顾颉刚的"疑古"等主张。由于这些人都是大学教授或被美誉为"导师"的人物，所以他们的言论多少产生了负面的影响，使国人误认为"传统文化"是没有价值的。

钱穆将大量的心力用于研究《论语》和孔子，一方面是因为他欣赏儒学的精义，更重要的是儒学是中国文化主要的命脉，这与民族国家存亡及发展的前途问题息息相关。在研究了中国历史种种之后，他提出"国可亡，但是天下不会亡"，因为即使朝代更替，但仍然是中国人的朝代。然而一旦"亡文化"，就等于"亡天下"。所以他不断强调民族文化与历史的重要。一个民族能够延传一定要有所"本"，此"本"即我们

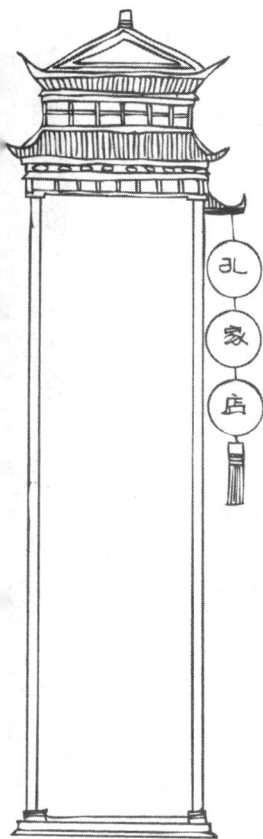

的传统文化。孔子之《论语》就是其中最重要的"本"。

钱穆说："《论语》自西汉以来，为中国识字人一部人人必读书。"因此，保存民族文化，就必须重视孔子，重视《论语》。

其实，"打倒孔家店"这句话本身就是一个历史的误解。"打"只是一种方式，关键是"打"后的结果"倒"。在这里，胡适的一个"打"字，只是用来表明他对"孔家店"的些微不满和对吴虞的支持。就这样一番好意，却被曲解发展成了对传统文化的一概否定，钱穆不得不站出来，作为一个知识分子喊出另一种声音。他担忧的是，如果在中国连经典都成了废纸，一切知识和观点都来自西方，那中国等于在积极争取做人家的殖民地，历来读书人心中的那个"天下"，也就没有了。

## 古人绝非腐朽之辈

读史是在读著史之人的心，乐观的人看到的是一个充满希望的世界，而悲观的人笔下的故事往往绝望黑暗。从钱穆的书来读钱穆，便可以看出他为人的真诚细致，对待古人"恭而安"，总是怀着尊敬之心读出古人的良苦用心和独特智慧。

钱穆在讲《三国志》的时候，讲到了一个问题。从班固的《汉书》之后，正史均以断代为史，但是一代的史书必有所主，汉代之后，晋代没有起，陈寿是三国中的蜀人，在晋朝做官。照历史传统，是由魏到晋，陈寿应该以晋为正统。因此在他的《三国志》里，只魏帝称"本纪"，蜀、吴诸

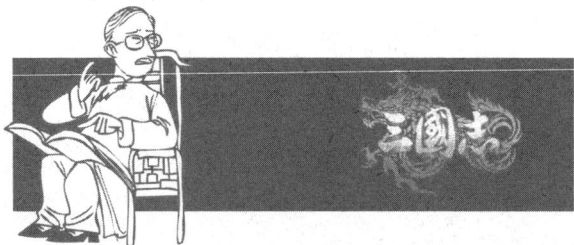

主均称"传"，"本纪"是记述君王的，而"传"是记述重要的人物的，陈寿尊魏，颇为后世所非议。但他书称《三国志》，而不以《魏书》为名，不与《汉书》《后汉》《晋书》同例，既名"三国"，则是并列的，因此，钱穆特别提醒读者要去体会陈寿不得已的用心。

仔细体会古人在书中的用心，才能真正算作是读懂了一段历史。但是在钱穆生活时代的年轻人，往往以疑古惑经、恣意批评为荣，对古人争论的东西不屑一顾，钱穆评价这样的人"无论其见解是非，只是太轻薄，太不忠厚，便该是一病"。钱穆批评起年轻人来，可谓"温而厉，威而不猛"。

"所以我要告诉诸位，在我们前代老辈人之工力，我们不该看轻抹杀。"否则，以批评古人为荣的人只会流于轻薄狂生的名，忽略了书本中蕴涵的人物思想精华，和古人为求传承脉络而做的功夫。

近人卢弼（1876—1967）写了一部研究《三国志》的重要著作《三国志集解》，其中引用了宋人高似孙的批注，这也让钱穆想到提醒学生，"做学问不能只为写论文，也该学前人作笔记，笔记用处有时比论文大。我们尽要拿一个题目放大，好成一篇大论文，可以在杂志上刊载。但从前人考虑得周到，一条条笔记中，不晓容纳多少问题在内，易查易看，对后人贡献大。"如卢弼，虽然近人讲史学不会推尊到他，但他在前人的基础上添加的点，也凝结了他的心思，这样的贡献是不能抹杀的。虽然他一辈子的成绩只是专研了一部《三国志》，但这也了不得。"前辈人终究曾下了实在工力，我们哪能存心轻蔑。这是我们做学问的

一个态度问题，或说心术问题。若先已存心轻薄前人，又何能在前人书中做出自己的学问。"

在纪昀的《阅微草堂笔记》中也有一个轻薄狂生的故事，与钱穆的观点颇为相似。

有一个狂妄的晚辈书生，品性狂妄，对今人古人都喜欢鄙视谩骂，借以抬高自己的地位身价。如果有人挑出他的毛病，他便会恨之入骨，有时甚至殴打别人。

正赶上河间府举行岁考，十几名并不熟识的考生同住在一起。一个凉爽的夏夜，大家分散坐在庭院中乘凉，那狂妄的书生就随心所欲地高谈阔论起来。大家不想听他尖刻的话，便由他点评。但是树后面坐着的一个人一直与他争辩，轻易就指出狂生谈论中的谬误。狂生被问得哑口无言，便恼羞成怒："你是谁？"

黑暗中只听到回答说："我是焦王相呀。"焦王相是河间府一带有名的老儒生。那狂生便惊骇地问："你不是已经死了吗？"只听黑暗中笑着回答说："我如果不死，怎敢去冒险摸老虎的胡须呢？"狂生恼怒地跳着脚叫喊，但只听见吃吃的耻笑的声音，却无从寻人。

纪晓岚笔下嘲笑的轻薄狂生，与钱穆批评的大胆后生如出一辙。在钱穆的那个年代，多的是"信口批评古人"的嘴巴，唯有他诚惶诚恐，珍惜古人的智慧和生命，如同珍惜自己的生命一样。

## 家国需要自己的仪式

中国历史上最后一个正统皇帝的年号，是溥仪的"宣统"。辛亥革命后，中华民国废除年号纪年的做法，而改用民国纪年。但是到了后来，人们渐渐连民国纪年也不说了，干脆叫"公元几几年"；到了中华人民共和国成立，便正式改用公元纪年了。这似乎是极其自然的事情，但这种变化，被钱穆称之为"亡国现象"。

"在我们学术界，中日抗战那年每不称民国二十六年，定要说西历一九三七年。我们到台湾来，也不说民国三十八年，定要说西历一九四九年，好像中国够不上自己有一个自己的年代，这真是亡国现象，为何我们定要讲西历多少年呢？"或许是爱国之心的作用，让钱穆对新生的很多现象都看不惯，像年号消失的问题，在他当时还只是一个苗头，到今天已经被默认了。

为什么钱穆对年号如此看重？追根溯源，还得说到年号的来历。年号是中国古代皇帝用以纪年的名号，日本、朝鲜半岛等深受中国文化影响的国家和地区历史上也使用过自己的年号。直到现在，日本仍然使用天皇的年号。

年号被认为是帝王正统的标志，称为"奉正朔"。钱穆还举例说，春秋时期鲁昭公被三家贵族驱逐出国，但此下《春秋》纪年称"公在乾侯"。唐代唐中宗年号"嗣圣"，历史上应该写"嗣圣几年皇帝在房州"，但实际上这个"嗣圣"年号已废不用，那时候只称"垂拱几年""天授几年"，都是武则天的年号，《资治通鉴》司马光是就实书写，但同时宋代史学家范祖禹除主持编写《通鉴》之唐代部分外，他又自写一书名《唐纪》，

就用了"嗣圣"的年号，不写"垂拱""天授"。如何使用年号，已经上升到政治取向的问题了。

中国历史上，年号的使用情况非常复杂。一个小小的年号，其中有很多的学问和讲究。在《资治通鉴》中，一个皇帝在一年中间改年号的很多，不是一定要到下一年才改，而《资治通鉴》所记年号，都以最后一个为准，钱穆认为这样的做法有违史实，不可取。

不仅年号这样的传统被取消，我们从殷商开始的天干地支纪年法也渐渐被西历取代了，这时候钱穆说："我们本不是一个西历国家，为什么要用西历纪元？现在又不称之曰'西历'，而改称曰'公历'，这也是一问题。将来若要为世界人类历史做一个公历，怎么定法，现在还不知。而且此可用西历，也有麻烦。"

西历又称格列高利历，是以《圣经》中耶稣诞生的那年为基准，开始记录日期。是西方人的日历，西历的第一世纪在汉代。汉武帝前用西元，需要前一年前两年地倒推回去。中国史要从春秋战国一路推上去，这样推算非常麻烦。而且钱穆认为，用阳历是一件事，要历史用西历，又是另外一件事。"这事有关教育，

跟着钱穆学历史

政府应该有个抉择。"

朱熹在《通鉴纲目》中说"表岁以首年，因年以著统"，这两句话，我们骤然一看似乎不像是历史上的问题，其实是历史上一个大问题。现在不写历史不要紧，钱穆认为"但一个国家一个民族总不能不写历史，总有人会出来写，到那时如何写法？这是个大问题"。

在民国初年，新文化运动未起以前，很多人主张用黄帝纪元、孔子纪元。黄帝纪元就是以黄帝降生之年为元年，孔子纪元就是以孔子降生之年为元年。

很明显，这种思想都是呼应西方以耶稣降生之年为元年的做法，彰显黄帝、孔子这些人在中国历史文化中的作用的。但是这种倡导并没有普遍推广开来。

耶稣诞生——西历

其实，不论是年号，还是历法、节气，它们都是一个国家的仪式。钱穆所珍视的，也就是在这种仪式中我们可以得到的民族认同感。古代人非常注重仪式，因此在身份、穿着、用语上都有一套礼仪，在这种礼仪之中，每个人都能找到一份安全感和归宿感。

陈独秀是一个最顽固的反对传统的人，然而他最苦闷的时候永远在写旧体诗；胡适是一个曾在美国受教育的哲学博士，是西化的代表，然而他平时总是穿着长袍马褂。他们寻找内心安慰的时候，最终仍然会回到传统的世界。

黄帝纪元　孔子纪元

## 先名正，后言顺

梁启超曾在《饮冰室文集》中说，"中国史家之谬，未有过于言正统者也"。他认为历史上最荒谬的事情，莫过于史家争论正统的问题了。这样的观点一出，中国传统史学者，皆以为正统不足论。其实，作为传统史学中的一种深层的历史观念，正统观一直影响着史家的史学思想以及史著的内容与形式，绝非不足论之事。钱穆就认为，正统是必须要争论的一个问题。

譬如历史上常说魏、蜀、吴三国，其实，当时蜀主刘备称帝时国号为"汉"，以示自己是继承两汉，为三国正统，所以诸葛亮《出师表》上说"汉贼不两立"。吴蜀联盟，吴国人说"自今日汉、吴既盟之后，勠力一心"，可见当时的吴国人也称蜀国是"汉"。而陈寿《三国志》把这个"汉"字改成了"蜀"字，正如前文所述，其中大有讲头。这个问题在今人看来似很无聊，但钱穆说："近代有人说我们历史上所争的正统问题是不该再提了，认为此只是一种陈腐的，不成问题的问题。现在才知道此等历史问题，同时还即是现实问题，不可不争。"

无疑，正统论含有家天下的糟粕。中国历史上，一个朝代的称号前往往加上一个姓氏，如刘汉、李唐、赵宋、朱明……在同一姓氏的传代系列中所出现的继承人，哪怕是婴孩病患，都是合

法而合理的；而外姓人氏若有觊觎，如西汉末之王莽，即便有足够的道理，也难以树立真正的天子威仪。

但这只是正统论的一个方面。到了宋代，欧阳修和司马光都对这种只论血统不论功业的"正统"提出批判，他们注重从道德、功业两方面去考察王朝历史地位，把道德评价与历史评价结合起来，言人事而弃神学，重理性而摒迷信，并指出正统有续有绝，中国历史上存在着"王道"无所归的历史时期。

正统与非正统，其实代表着一种价值判断，也代表着公众舆论的取向。试看历史上的典故，就能知道为什么正统之名需要人尤其是史家来定夺。

南宋高宗迁都临安，国势日衰。至恭帝赵㬎在位，元兵侵占临安，帝后王臣都成为元兵的俘虏，只有后妃带着赵昰、赵昺两个皇子出逃，并得到南宋旧臣陆秀夫、张世杰等人的保护。随后为了将赵宋的残余消灭，以绝后患，元兵对宋室继续追杀，宋室继续南逃，端宗赵昰在十一岁时病死，群臣继立八岁的赵昺为卫王，以陆秀夫为左丞相，文天祥为右丞相，张世杰为太傅。卫王最后迁至崖门，召集二十多万军队，建营驻扎。

文天祥被俘后，崖门被围，张世杰等丢弃岸上营地，率兵将全部下海，与元兵决一死战。元兵久攻不下，便切断宋兵的粮草和取水的后路，前后夹攻，张世杰见大势已去，便突围出海，后来死在现今阳江市海陵岛附近的海面。陆秀夫保护卫王，无法逃走，

便先叫妻子投海，然后抱着幼主投海以免受辱。后来，杨太后和后宫、大臣相继投海而死，以全忠节。据史书上记载，当时浮尸在海上有十多万，宋室就此灭亡。

到明朝时，崖海兴建大忠祠，在祠堂内立"死难义士神位"以资纪念。嘉靖二十二年（1543年），又奉"故宋忠义同死国事诸臣"和"故宋同死王事于广诸臣"之神位。

崖海的战争中，南宋官军士兵能够视死如归，其中很重要的原因就在于保护宋室的正统血脉，以求日后反击元兵。殉国的死难者中有跟随赵氏政权从临安出走的官兵，有张世杰的江淮水师，有南下沿途结集的勤王志士，有福建、潮汕等地的畲族队伍，有当时新会各地的义勇乡兵、崖海一带的"乌蜒船"民，还有后宫伺宦与军官眷属。

他们千里奔随，出生入死，慷慨赴难。这其中的悲壮和决绝，岂是"正统"二字可以解释清楚的，但是若否定了"正统"，这千万人的死，便如同落花流水一般再无意义。

政权之中有正统，学术流派也有正统，其实中国人穿衣打扮都要讲究正统不正统，这种思维方式已经成为一种民族性格。《论语》中说："名不正，则言不顺；言不顺，则事不成；事不成，则礼乐不兴；礼乐不兴，则刑罚不中；刑罚不中，则民无所措手足。"名正之后，每个人才有自己的位置和一份应尽的责任。因此，如钱穆所说，正统的问题过去在争论，现在和将来，还会是中国人探讨的一个问题。

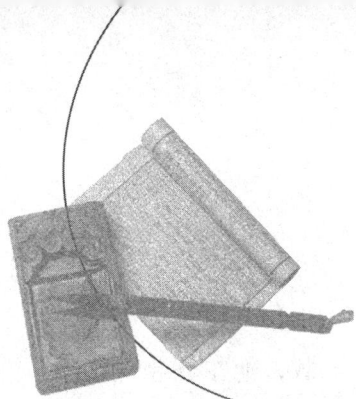

# 第三章

远近高低看历史

鲁迅曾说，一本《红楼梦》，"经学家看见《易》，道学家看见淫，才子看见缠绵，革命家看见排满，流言家看见宫闱秘事"。可谓"横看成岭侧成峰，远近高低各不同"。从不同的角度去看历史，同样会有不同的收获。从政治的角度看来是失败，但是从学术的角度兴许又是成功；从小处看是进步，从大处看又是倒退。如此看历史，看到的是另一番景象。

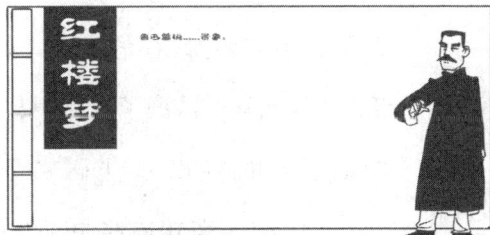

## 通史，打通历史的主脉

1961年，钱穆应香港一个学术机构的邀请，前去讲解历史研究的方法。这时的钱穆已经离开内地十二载，他在香港成立新亚书院，并获得香港政府的嘉奖，被推为国史研究的权威。在钱穆开讲历史研究方法之前，他首先提出了一个问题：为何要研究中国史？

钱穆对此的回答是，"中国人当知道些中国史"。中国史讲的中国人的本原和来历，我们知道了中国史，才算知道了中国人，知道了中国人的真实性与可能性、特异性与优良性。我们也可以说，知道了中国史才算知道了我们自己。譬如认识一位朋友，不能单在他的高矮胖瘦上去认识，还该知道一些他以往的历史，如姓名、籍贯、学历、性情、才干等，才算是知道认识了这个朋友。我们不仅要认识我们的以往，还要认识我们的将来。若非研究历史，这些都无从知晓。

"中国人当知道些中国史"，这个观点钱穆很早便在他的《国史大纲》前言中提到过。如何知道中国几千年的历史呢？钱穆提出了三种方法。

一是由上而下、从古到今，按照时代先后来作通体的研究。学习需要有一个起点，由此达彼，学习历史亦然。"例如这讲台上有茶杯，我知道它是茶杯，同时即知道旁的东西非茶杯。我虽未知此许多东西是何物，但起码已知道了它决不是一茶杯。"如果读了《左传》，明白了春秋时代是怎么回事，再读战国史时，

就能明白战国与春秋的不同。一般学历史者，都是从古到今、从先而后地顺次读下来，但"一部二十四史，不知从何说起"，几乎所有的历史典籍都可以作为历史材料来读，这样的学习方法需要花大工夫。

另一种研究历史的途径，就是自下溯上，自今到古，由现代逆追到古代去。这也就是从现在生活的任何一方面开始，无论是政治的、社会的、经济的、学术思想的，循序上推，寻根究底研究。例如我们今天的国家地理疆域，是如何演变而来的，历代往上查找，最后可以找到中华文化的发祥地，以及历史上周围各区域的归属问题。

还有一种比较灵活的研究历史的途径，就是依照自己的兴趣，以作为研究历史的肇端。例如听人谈到宋史，说起王安石变法与司马光反对新法，忽然引起兴趣，便不妨从此一处起，来学习宋史。从这里能有所体悟，欲罢

不能，便延伸到其他处去，慢慢了解到整个宋代的历史，最后愈推愈远。比如受了某一师友的影响，或偶然读到一本新书，而得了某一项启示，因而引起了研究历史的兴趣和动机，也尽从此入手。汉武帝、曹操是我们

耳熟能详的历史人物，但我们不能只知道一个是红面、一个是黑面，要能从容不迫，沉潜深入，渐渐能穷原竟委，鞭辟入里。

现在有很多人对日本的电视剧和动漫都很感兴趣，因此开始自学日语，也逐渐去了解日本战国的历史。这本是很好的现象。但是如果我们只读《德川家康》，或者只看一部《德川三代将军》，不了解整个日本战国的局势，不知道日本战国之前的政治，也不了解

德川幕府最后的终结，就不能真正地了解这一段历史。

因此在钱穆看来，从兴趣入手，由点及面的研究并不是最理想的历史研究方法，这样学习，会使你走到许多狭窄肤浅短视的路上去。

因此，即使我们要根据当前问题来推究，也得首先将此问题暂放一边，平心静气，仍从历史本身的通体来作研究，如此才能客观全面地认识到原有的问题。我们应该明白，从研究历史用心，可以解决问题。若仅从解决某些问题上用心，却不一定能了解历史。这等于说，明体可以达用，而求用心切，却不一定能明体。

也正因为如此，我们研究历史，仍不如从头到尾作通体的研究。首先便是通史，略知通史大体，再深入分着时期去研究一部断代史。对一部断代史有研究，再回头来接着重治通史，又继而再另研究断代。如此循环不息地研究下去，才是可远可大，明白历史上的时代之变，才能贯通上下古今，而获得历史的大全。

自清代"咸同中兴"至中华人民共和国成立，一部中国近现代史上，曾有多次的变动，每一次变动也曾引起人们的鼓舞向往，以为中国有希望了。这些变化究竟自何处来？又要向何处去？为什么总是不能一帆风顺？这是中国现代史上一大问题，只有具备大见识，才能解答这样的问题。如果不先精熟这一部现代史，不了解中国历来的政治格局，而妄生揣测、空下

跟着钱穆学历史

断语，这样的批评是不能负责任的。只有先从通史入手，对现实的种种评价才不致肤浅荒谬。

钱穆本身是一个熟读中国通史的人，这一点和当时很多新学派的学者不同。有的人对中国历史所知甚少，但却大肆批评中国古代的封建愚昧，这在钱穆看来，是没有根据的，也是没有价值的。因此可以说无论研究历史最后的落脚点在哪里，通史都是基本的起点。

## 制度，用章法来掩护人心

"中国历史上的政治制度，有其巨大的魄力，可以维持久远而不弊。遂为后世所传袭，此即中国历史传统一种不可推翻的力量与价值之具体表现。"钱穆评价中国的政治制度时，最反感时人用"封建"二字将历史一笔带过，他最愿意仔细、好好地讲清楚的，便是中国历代的政治史。

政治不同于政事。如秦始皇统一、汉高祖得天下，以及其他一切内政、外交、军事等，都属于政事，归入通史范围。而政治重要在制度，属于专门史。一个国家，必有它立国的规模与传世共守的制度。这些制度，相互间成一系统，形成一个朝代的政治框架，这一个朝代的种种活动，都在这个框架之内进行。

中国专讲政治制度的书，有所谓"三通"，即唐代杜佑《通典》、南宋郑樵《通志》与元代马端临的《文

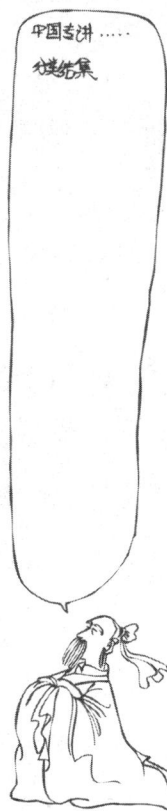

中国专讲……

献通考》。后人又承续此三通，再扩为九通至十通。二十四史、九通，是中国史书中最大的两种分类结集。

中国历史上的政治制度，自古迄今，有其内在的一贯性。其中有因有革，直到今天，还有历史上的传统制度保留着。研究政治史，先要读编年史，再转治断代史，然后再来研究制度方面的通史。

要研究中国的政治制度史，钱穆提出要注意两点。

一是研究制度，不能停留于制度本身，而要从与此制度相关的一切史料来研究。因为制度是针对当时的实际政治而设立运用的，单研究制度本身而不贯通之于当时的史事，便看不出该项制度在当时的实际影响。把科举制放到九品中正的背景下来研究，便可以看出科考是历史的一大进步。另外，历史上记载的制度，往往只举其标准的一个阶段来做主，其实每一制度永远在变动中，如果认为每一制度是凝滞僵化、一成不变的，也会误解历史。

二是研究制度，必须明白制度背后的思想理论。这一点和西方有所不同。西方历史上的政治思想家，他们未必亲身参与实际政治，往往只凭著书立说来发挥其对于政治上之理想与抱负。如古希腊的柏拉图，近代欧洲的卢梭、孟德斯鸠。但中国自秦以下即为一种士人政府，学者所抱负的多少可在实际政治上施展，也就少有理论书。中国自秦以下历代伟大学人，多半是亲身登上了政治舞台，表现为一个实践的政治家。因此其思想与理论，多已见诸其当时的实际行动措施中，而自不必把他们的理论来另自写作一书。因此一部政治制度史，也是极好的

政治思想史的具体材料。

钱穆说："中国人自古代历史开始，实已表现有一种极大的民族性的天赋能力，即是政治的能力。"就空间讲，能完成而统治如此广大的国土；以时间言，能绵延此一大一统的规模达于几千年之久而不坠，皆因有一种良好的政治为基础。

如中国的赋税制度，全国各地租税全是一律。而且能轻徭薄赋，主张藏富于民。这种赋税制度一旦订立，就容易获得全国人民的诚服，社会便可借此安定几百年。纵有变坏，经一番战乱之后，这种制度又复活了。朝代更迭不断，经济制度也只有几次大的调整，这种事情我们因为习以为常而不愿意花心思多研究，其实这种传承是很值得研究的。

但和西方历史相比，我们的赋税似乎没有制度，才导致革命。近代的民主政治，一切预算决算都要由民选议会来通过。但是多了解自己以往的历史，中国存在千年还是有道理的，古代的一切并非完全要不得，只想抄袭别人。

要研究中国传统政治，第一步不妨先加以分门别类。如政府组织、地方自治等，一一弄清楚了，然后再汇在一起，当作一个整体来看待。同时，我们研究政治最重要的是能配合现实，坐而能言，起而能行。董仲舒、司马光，他们都不单是一书生，都是有抱负而又能身体力行的政治家，他们的观点与当时的国情、国际背景等等，都是要综合考虑的。唐初名相房玄龄、杜如晦等，他们的那一套制度，延续了几百年，即使朝代换了，也并不能完全盖过他们的思

想，这不能不说是中国政治家的伟大之处。

钱穆说："从没有半身腰斩，把以往一刀切断，而可获得新生的。"我们要重新创建新历史、新文化，也决不能推翻一切原有的旧历史、旧传统，盲目全部学习他人，其实等于迷失了自己。中国历史自有异于西方之处，如果中国人不能自己创制立法，而一味西化，中国的前途是很可以担忧的。

今天，我们的社会已经意识到对传统的抛弃造成的后果，人们的思想没有了寄托，情感找不到方式宣泄。因此，国学热渐渐升温，人们又开始从以往被我们抛弃的"故纸堆"当中寻求安慰，毕竟，好莱坞的电影不能完全填充我们生活中的缺憾。

所以，钱穆主张今天研究中国政治制度，一面当比较参考西方的政治，但绝对不可以数典忘祖，因为"我们实无此能力来把自己腰斩了而还能生存"。

## 社会，传统生长的土壤

马克思、恩格斯对社会历史的研究是区分了不同形态的，其学说经列宁、斯大林的发展，就形成了所谓的原始社会、奴隶社会、封建社会、资本主义社会和共产主义社会五种社会形态说，这些概念我们今天还在用。但是钱穆认为，马克思的历史知识实仅限在西方，他一生从没有到过中国，对中国的历史知识是极为有限的。因此，五种社会形态说是否可运用之于中国，是需斟酌的。

中国社会能延续迄今，其坚韧性和持续力不言而喻。而且，中国的影响力辐射到亚洲各国，日本、韩国至今保留着中国的很多传统，可以说中国又是推拓力最大、融化力最强的一个社会。这样的国家与民族，必然有一番潜在深厚的力量存在，也必有获得如此成绩的主要原因。研究历史，当上察其政治，下究其社会，以寻求这个社会的潜力所在。

要研究社会史，需要大量的社会材料。很多人认为中国历来只关注上层，给权贵写家谱，而不注重下层的生活，这是不了解中国历史的一种观点。

中国史籍记载自有一套体例。就正史论，其中所包有关社会史的材料就很丰富。如我们有意研究唐以前的中国社会史，则须注意氏姓之学和谱牒之学。自汉代起，在当时社会，开始有世家大族兴起，又转成为门阀士族。整个社会便把氏姓谱牒来分别士庶，至今流传社会之《百家姓》，则成于宋初。之后，中国社会家谱盛行，但从最近此一百年到五十年来，各姓家谱急速散佚，只能在某些大图书馆中去查阅了。

"家族"是中国社会组织中最重要的核心。但唐以前，族之重要性尤过于家。宋以下，则家之重要性转胜于族。而家与族之所由组成，以及其维持永远之重要机能，则在"礼"。要研究中国社会史，不得不了解在中国社会相传所重视之礼。礼之研究，有极专门的，但亦有极通俗的，如婚丧喜庆之礼。除宗族礼制

外，中国一向有家训家教等一类书籍与散篇文章，流传保存下来的为数也不少，如《颜氏家训》等，就可以作为研究社会的一项材料。

中国地方志书，也是研究社会的重要材料。宋以下，省有省志，州有州志，府有府志，县有县志，甚至书院学校有志，寺观庙宇有志，乡里社团有志，山林古迹有志，分门别类，应有尽有。但在中国近代潮流所趋，此两项著作体例，新的已绝难继越。

**方志的一般体例，包括大自然、天文气候、山川形势、土壤生产、城市关隘、道路交通、风土景物、乡俗民情、历史变迁、政治沿革、经济状况、物质建造、人物面相、宗教信仰、学校教育、文化艺术等，凡属有关其他之各种情状演变，分类列目，靡不毕载。正是研究中国各地社会史之绝好材料。**

要研究社会史，还要从当前亲身所处的现实社会着手。历史传统本是以往社会的记录，当前社会则是此下历史的张本。钱穆常说社会譬如一个庭园，里面有林林总总的花草树木，有几百千年的盘根老树，也有移植不到一月几旬的娇枝嫩卉。在同一横断面下，有不同之时间存在。以此来看社会，有的习俗流传至今已有几千年以上的历史了，但也有些是今天刚产生的新花样。社会由许多历史传统纵深不同的线条交织而成，当前的社会，呈现于我们面前之一切，可以称得上是一本"无字天书"。

中国古代大史学家司马迁在写《史记》以前，从事于游历，遍

跟着钱穆学历史

访各地亲眼观察，读通了这一部无字天书，才下笔来写他的有字人书。清初的大学者顾炎武，游历了很多地方，亲眼见到了很多保存完好的唐代遗址，见其辉煌雄伟，不禁更深刻地体会到史书上所记载的"贞观之治"的盛况。

先读懂眼前的无字天书，再进而往上追溯，由本乡本土各方志所载，追溯到各项史籍，这才是考寻始末、穷原竟委。但是说到读懂眼前的无字书，钱穆内心是非常悲痛的。从抗战时期眼见民族被侵略，到内战时期刀枪相向，钱穆眼前的社会已经发生了翻天覆地的变化。他感叹想要在这几十年间读懂中国社会实非易事。

不过传统的中国社会，依然能在战火和异乡中顽强生存。钱穆到南洋做过几次讲演，他曾说："中国人来海外，是随带着中国的社会而同来的。换言之，是随带着中国的历史传统而俱来的。"华侨虽然寄居异乡，可是能凭他们的一份智慧技巧和劳力血汗，来争取他们的生存。"这因在中国人各个人身上，都有此一分中国的历史文化传统，社会凝结精神，相与俱往，故能如此。"

中国社会广大而悠久，要研究这样的社会，不仅当从社会的横剖面看，也要从历史传统方面去看。主要在能把握其中的传统性和特殊性，看出人群相处间的关系，人类相互接触间，有关其思想、感情、信念等，如何能趋向于和谐与合作、发展与进步。这才是研究历史和社会的最大节目与纲领。

## 文化，没有任何人被遗忘

如果说人类的所有活动都和文化有关，那么研究我们的文化史可以说就是在研究一部中国历史。文化是全部的历史，也包括那些没有记载在史册上、但是曾经鲜活的历史。我们要在这全部的历史之中寻求一种永恒的精神，这才是文化的真正意义。

与钱穆同时代的著名学者梁漱溟曾著有《东西文化及其哲学》一书，他在书中根据哲学观点来讨论文化，但钱穆认为，文化并非就等于一套哲学，哲学只是文化之中的一个部分。我们可以用哲学的方法来讨论文化，但讨论的内容还是整个的历史。哲学可以凌空讨论，而历史与文化，则必有凭有据，步步踏实。

研究文化史，除了要具有哲学头脑，以历史事实为根据外，还有以下几个方面需要注意。

一是讨论文化史要注意辨异同。

一位音乐家与一位运动家，一人善钢琴，一人善网球，此两人除此一项相异外，其他百分之九十九的方面可能都相同。但正是这百分之一的差别，决定了他们的不同身份。人都是圆颅方趾、五官四肢，但人心各异，这个异处是绝对不能忽略的。

在二十世纪三四十年代，有人说西方文化只比中国文化走前了一步，中国文化等于西方的中古时期，若中国能再前一步，就能赶上现代西方文化了。这不正是忽略了人心而只看外形的文化抹杀论吗？各民族文化传统有相同处，然而仍有其相异处，而这相异处，才是文化研究需要下功夫的地方。

二是讨论文化要从大处着眼，不可纠缠于细小处。

跟着钱穆学历史

如西方人初来中国，看见女人裹小脚、男人拖长辫，就认为中国文化尽在于此。这虽然是中西文化中的相异处，但太琐屑细碎了。这就像我们有一个脸上长了痣的朋友，在介绍他的时候，若只说"其人面有黑痣"，便再没有其他的话，那怎能让别人了解这个人呢。

现在的中国人，男的都不拖辫，女的都不裹脚，但中国文化依然有独特之处。微小的细节可以作为研究文化的参考，但绝不是文化的全部。

三是讨论文化要注重融合汇通的地方，不能专门只讲区别。

一个人的日常生活，可分在学校、在家庭或在其他的社会场合中。只有将不同场合的他重叠在一起，才能明白了解此人。如果只能分析，不能综合，就会像盲人摸象那般，有的摸到象鼻，有的摸到象脚，不能看见整个大象。

政治、经济、思想、学术、艺术、宗教、工业、商务等等，都属文化的一个方面。在这些方面的背后，有一个整体的文化精神。若研究文化问题，不能将各个方面整体来看，就容易产生文化偏见。

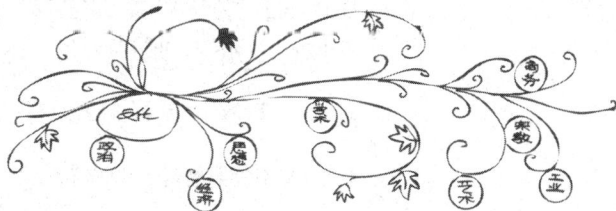

四是讨论文化应懂得从远处看，不可专自近处寻。

钱穆回忆在他小学时代，有一位先生知道他正看《三国演义》，便说，此书不足看，开头便错了。什么"天下大势，分久必合，合久必分，一治一乱云云，那只是中国人老话。如今世界进步了，像现代西方英、法等国，

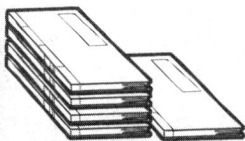

他们是治了不再乱，合了不再分的了。哪里像《三国演义》上所说"。但说完这话，先后发生了两次世界大战，那位先生的话，看来是不对的。

文化的演进，如波浪般有起有落。一个身体健康的人，他也会有病时。衡量一个人的健康状况，要取一个长时间来考察，研究文化也是如此。钱穆的小学老师，只看到他那时的西方，但后人再来说，便有不同之感了。

五是讨论文化应兼顾优点缺点。

我们讨论文化，要先了解它的长处，然后指摘它的短处。总不能说游泳健将不善于打网球，便是要被厌弃的短处。

文化体系如同一个七巧板，同样是那七块板，却可拼成一只鸟、一个老人、一艘船，或一所屋子。重要的可以说不是材料，而是如何调动材料的思维。在二十世纪初，中国的文化也在不断革新，但没有找到合适的思路。如同七巧板，原来有一个模样，开始动了一块，还依稀见得原来是个老人，后来都变乱了，原来的模样早已消失，但又拼不出新样子来。

文化自大是一种病，文化自卑也可以说是一种病。我们下功夫去研究通透我们的文化，堂堂地做一个中国人，才有资格去考虑做世界人。

## 经济需要是有限的

北宋初年，四川成都出现了"交子铺户"，存款人把现金交付给铺户，铺户开一个存款凭据，当存款人提取现金时，每贯付给铺户三十文的利息。这种临时填写存款金额的纸券称作"交子"。宋仁宗天圣元年（1023年），政府设益州交子务，由京朝官主持交子发行，并"置抄纸院，以革伪造之弊"，严格其印制过程。这便是我国最早由政府正式发行的纸币"官交子"。它比美国、法国等西方国家发行纸币要早六七百年，是世界上发行最早的纸币。

清至中华人民共和国成立前，一种介于钱庄与银行之间的旧式金融组织开始出现，城北称为"山西票号"。南帮票号源丰润，曾在新加坡设分号。晋中富商榆次常家的"独慎玉"商号，曾在莫斯科设分号。

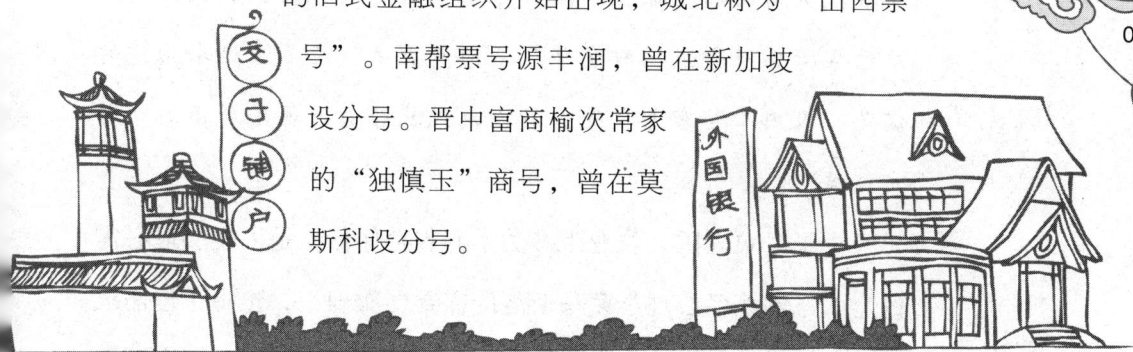

"若把中国经济史上种种出自中国人自己发明的方法和制度等，一一罗举，亦足增长国人之自信。"钱穆在讲到中国的经济史时，提到一种国人常有的误解：认为中国历来鄙视经济，也不重视工商业发展，因而中国的经济制度和发展水平必然低于西方资本主义国家。要消除这种误解，首先就要明白中国传统对经济问题的主要观点，即是物质经济在整个人生中所占地位如何。

生活需要经济的支撑，但我们对物质经济的需要是有一个限度的。钱穆称此限度是"经济之水准"。倘经济水准超出了必需限度，对人生属于不必需。这种不必需的经济，他称之为是一种"超水准之经济"。低水准的必需经济，对人生是有其积极

价值的，可是不必需的超水准经济，却对人生并无积极价值。不仅如此，甚至会产生一些反作用。因为它只提高了人的欲望，但并不是提高了人生。"领导人生向上者，应非经济，而实别有所在。"钱穆对中国经济观如是总结。

就像现代社会中，物质文明发展到了一个顶峰，所有的东西都极尽人能去做到精致、奢华。有人说"女人的衣柜中永远缺少一件适合自己的衣服"，而男人对车、房、权力的追求也不亚于女性对美丽的物化欲望。不知道从什么时候开始，我们提到优质的生活已经变成一种奢侈生活的新说法，越是在追求物质的满足，人内心越容易失衡，所以现代就普遍出现了所谓的"都市征候"。

中国以农立国，农业生产关系到衣食住行，是人生所最必需的。西方的著名心理学家马斯洛的需要层次理论，也将生理需求作为最基本。若一个社会脱离了农业，就无法生存，就要食不果腹、衣不蔽体。但是西方的情况与我们不同，农业在他们生活中的重要性远远不如我们，所以我们就看到了中西方社会、政治、经济等一系列领域的重要差别。

中国是个大陆农国，物资供应大体上可以自给自足。也正因为我们在经济需要上易于满足，于是中国历史"很早就轻松地走上了一条人文主义的大道"。所谓人文主义，指的是中国历史上各项经济政策，都根据全体人群的生活意义与真实需要来作决定。现代资本主义社会中，人生似乎转成追随在经济之后。经济为主，而人生为副，这是一种本末倒置。

正因为我们很容易就自给自足，中国的历史传统在谈及经济问题时，特别注重于"制节谨度"这四个字。钱穆对此的解释是：中国人的传统意见是，不能让经济脱离了人生必需而放任其无限发展，以免成为对人生一种无意义的累赘。

既然中国传统社会没有将重点放在发展经济上，而是在于追求人生的提高，艺术品和装饰也就相继发展起来。"远的如古代商、周之钟鼎、彝器，乃至后代之陶瓷、器皿，丝织、刺绣，莫不精益求精，不在牟利上打算，只在美化上用心。即如我们所谓文房四宝，笔精墨良，美纸佳砚，此类属于文人之日常用品，其品质之精美，制作之纤巧，无不远超乎普通一般实用水准之上，而臻于最高的艺术境界。……又如中国人的家屋与园亭建筑，以及其屋内陈设，园中布置，乃及道路桥梁等，处处可见中国经济向上多消化在美育观点上，而不放纵牟利上。"钱穆如是说。

思想上的主张影响了经济制度，社会的各个方面都是不可分割的整体。政治史、社会史也可以作为研究经济史的角度；在中国历史的传统与其特殊性当中，中国的经济思想才能够渐渐浮出水面。

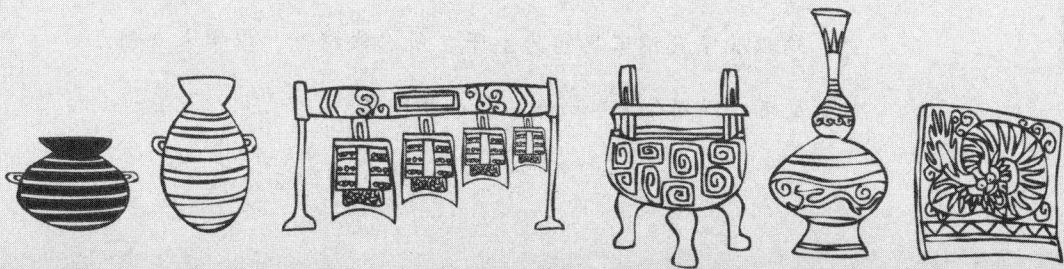

## 政治，不过是学术的傀儡

中国历史上的传统理想，是由政治来领导社会，由学术来领导政治。而学术则产生于社会下层，不受政府控制，如此一上一下、循环贯通，中国历史才能稳步向前。学术的兴衰和健康与否，关系着社会的盛衰好坏。

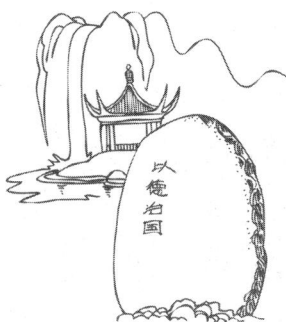

追溯古代典籍，可以说中国史上第一个用学术来指导政治的人当属周公。西方哲人柏拉图在他的《理想国》中曾对他心目中的政治领袖有一个素描，而周公正基本上符合了柏拉图的理想。他充满智慧，但不是"哲人王"，而是以摄政的身份来管理政治。钱穆说周公是"以一学者哲人身份，来建立了西周一代的政教礼制，奠定了中国此下数千年的优良基础"。

周公主张以礼乐来治理国家，颁布了《周礼》。"尊天、敬德、保民"为核心，是我国"以德治国"的思想之端。孔子称赞周公的主张，并以复兴周公之道为毕生的理想。《论语》中记载："甚矣吾衰也！久矣吾不复梦见周公！"孔子对周公的衷心和仰慕之情溢于言表。在政治上，孔子虽不得意，但他在学术上的影响则是根深蒂固、牢不可破的。可以说中国此后的全部学术史，均以孔子及儒家思想为主干。所以钱穆说，以学术来创立政教制度者，以周公为第一人，而孔子继之。

跟着钱穆学历史

以德治国

中国的学术发展很繁荣，但是与西方不同的是，中国历史上少有卢梭、孟德斯鸠式的理论家。是中国的政治学术发展较晚吗？钱穆回答道，中国学术思想不尚空言。

俗话说"光说不练假把式"，只有坐而言、起而行，才能有真正的价值。若徒言不行，纵然著书立说，也只是纸上加纸，这样的人向为中国人所轻视。"古者言之不出，耻躬之不逮也。"中国旧传统只言"学术"，或言"学问"，不言"思想"。西方纯思辨的哲学，由言辩逻辑可以无限引申而成一套完整的大系统大理论的人，在中国学术史上几乎绝无仅有。

《论语》开篇便有："子曰：学而时习之，不亦说乎？有朋自远方来，不亦乐乎？人不知而不愠，不亦君子乎？"这便是孔子对于全部人生的一项提纲挈领的叙述。孔子观察日常人生，然后将为人处世的亲身经验记录下来，这不是纯思想或纯理论的哲学。要领悟这句话的真谛，也需要投身于实际生活中，亲身体验一番，你必真做到"学而时习之"的功夫，才能体验出此心喜悦之情，这是第一步。继此以往，然后"有朋自远方来"，便觉无比快乐，此为第二步。更进而达到"人不知而不愠"的境界，此为第三步。每一步都是层层递进，息息相关。中国人讲学问，无论说知难行易、知易行难还是知行合一，都是将知与行两项连在一起，"知行"两字并重。

有人说，自从周公定礼而孔子阐发之后，中国人的学术便无进步可言。的确，周礼之后，再没有超过它的新思想出现了，但

这并不能说明学术没有进步。中国传统学术所面对的，是一种瞬息万变、把握不定的人事。如舜为孝子，周公亦孝子，闵子骞也是孝子，他们都在不同的环境与不同的对象面前，各自实践孝道。但我们不能因舜行孝道在前、周公在后，便说周公孝得更进步些，也不能说闵子骞又比周公孝得更进步些。

"修身、齐家、治国、平天下"这是中国传统学术的一大取向，也因此，钱穆认为，可以将中国的学术分为两大纲，一是心性之学，一是治平之学。心性之学也可说是德性之学，即正心、诚意之学，此属人生修养性情、陶冶人格方面的；治平之学，也可称为史学，这与心性之学同样是一种实践之学。但我们也可说心学是属于修养的，史学与治平之学则是属于实践的。弄清这两种分法，也是我们了解中国学术的一个基础。

我们评价三国时代的曹操与诸葛亮，多不专注重在其事业上，也不专注重在其文章学问上，主要是自此两人之内心境界与德性学养作评判。这样的评判标准，也正是中国学术大传统的主要精神所在。

诸葛亮六出祁山，在功业上并无大成就，但是他对领袖的忠贞，他"鞠躬尽瘁，死而后已"的仁心诚意，备受后人崇拜。当他高卧隆中时，抱膝长吟，自比管仲、乐毅，然又只愿"苟全性命于乱世，不求闻达于诸侯"。待刘备三顾草庐，他才决定出山辅佐刘氏。这种自矜与自重，也是后人非常仰慕的。至于曹操，他曾说："宁我负人，毋人负我。"别人评他是"治世之能臣，乱世之奸雄"。尽管他能横槊赋诗，是建安文学之首，又在政

跟着钱穆学历史

治、军事各方面超出同辈中人，很多人说历史上真正的诗人政治家唯属曹孟德与毛润之两位，但是曹操还是备受后世之讥嘲与轻视。

中国人认为，心性修养是著书立说或建功立业的根本，人格德性才是区分高低贵贱的标准。学术绝不是离开了现实生活的清谈，而是与现实密切相关的人生态度。政治背后是学术的知道，学术背后是心性的锤炼，心性的背后是道德的约束。研究中国的政治，既要看到当时的主流学术，又要看到这种学术背后的道德观。

## 盛衰得失辨英雄

史家的功绩，不仅在于完成了一部史书，而在于这本史书将会带来的作用——催生新的历史人物。比如司马光著《资治通鉴》，就为后来毛泽东反复研读，毛泽东之所以能成为一个开天辟地的人物，其中不能说没有《资治通鉴》的影响。

我们研究历史，最终是希望能从历史中找到解决现实问题的答案，到最后，还是想将现在的人培养成"历史人物"，不断地开拓创新，给人类带来更大的幸福。人是历史的主角。研究历史，应该从人入手，然后回到人身上。

在文学史上，最受后人推崇的三位是屈原、陶渊明与杜甫。屈原得不到君王的信任，最后吟诗上下求索、怀沙自沉汨罗；

陶渊明宁肯带月荷锄、东篱把酒，也不想在官场樊笼中多停留一日；杜甫更是"奈何明月照沟渠"的一个注解，他有"致君尧舜上"的豪情，却只能面对"国破山河在"的现实，仰慕诗仙李白却得不到热情的反馈，虽立誓"语不惊人死不休"，但在有生之年没有感受过一天文豪的得意。这三个人都是失意的人，却均以赤忱之心、神来之笔，表达出了他们各自的心志。

熟语中有"志士仁人"一词，人若无志，纵然有才也不能算贤士。但其所志，也正贵在此"仁"字上。孔子说"吾十有五而志于学"，又说"匹夫不可夺志"。有仁志便是立德，不论在盛世还是在乱世都是如此。而且，生于乱世的人，因为没有机会立功立言，往往更能体现出他的志与德来。

中国历史上的仁人志士首推孔子，但他生于春秋末期的衰乱之世，王道已尽，时代将变。孔子以后，如孟、荀、庄等诸子生于战国，他们的时代更不如孔子。两汉社会胜过先秦，但论有影响的历史人物，较多出现在动乱的东汉时期，如经学大师郑玄，身经党锢，下接东汉末年之乱，而死在献帝建安五年（200年）。唐代人物，开元以前不如天宝以后。宋代衰贫，但文豪大家辈出，以朱子为最。元初有王应麟、胡三省与马端临三大史学家，

王阳明出世时的明代，已是衰象呈露、大乱将起。明亡之后有顾炎武、黄宗羲、王夫之三大儒，都堪称中国历史上的伟大人物。

以上林林总总的人物，都生于乱世，却超越了所处的时代局限，影响到后世。这便是钱穆所说的"能主持一时代，而又能开创一时代之大人物"。钱穆自己也生于一个内忧外患的时代，他的观点不仅超越了当时人对历史的认知，将来还会帮助中国人重新认识传统，重新找回适合我们的道路。

研究历史人物，最后的落脚点还是在现实的人生上。"彼人也，我亦人也，有为者亦若是"，既然同样有这样不短不长的一生，我们也应当相信人皆可为尧舜。如果没有见贤思齐的志向，那么古人是古人、历史是历史，与我全无关系，这样研究也不会有结果。

"我们今天所处的时代，或许比历史上任何时代更衰更乱。可是我们的处境，比起古人来，实未见困难更甚。"钱穆如是说。但他相信，如果当时的中国人都能设身处地、平心静气去研究历史上那些处于衰世乱世的人物，那些不得志而失败的人物，甚至是那些如颜渊般无表现、无作为的人物，就会知道今天的天下兴亡与否，匹夫有责。脱离现实的空想，缥缈空疏的学术，只会让人嗟叹终老，辜负这乱世赋予每一个人的那份责任。

叔齐伯夷之志、阮籍嵇康之狂、王安石司马光之争辩，似乎都与我们的生活相隔太远。这些人不写进历史，我们还是要继续生活，但历史的大命脉正在这样的人身上。中国历史的伟大之处与可爱之处，正在于有这样的人来解释人生的精髓，或许我们的身边乃至我们自己，都能感受到那些藏在史书中的人生，能感受到时代的责任。

## 地理与文化的相互成全

我们为什么会是今天这个样子，我们为什么要说着这样的话，穿这样的服装，有这样的饮食与习惯？要回答这样的问题，就必须了解我们生活的地理环境。同样是面粉，西方人用来烤成面包，我们却揉成包子馒头，这绝不仅是思维方式的不同，地域差异也是一个潜在的操盘手。

天时、地利、人和，是我们认为可以办成大事的条件。人在天地之间，如果说天代表着一种共同性，地就代表着一种差异性，不同的地域会孕育不同的文化，非洲人不同于爱斯基摩人，希腊人迥异于蒙古人。不同的地域也只能培养出特定的人物。孔子不能出现在印度，释迦牟尼不能出现在耶路撒冷，耶稣亦不能出现在中国，地理和历史是人的双重限制。

提到中国的幅面辽阔，我们可能没有准确的概念，但若说我们的四川面积相当于法国、陕西的面积相当于英国、云南比德国略大，可能就又能体会得深一些。有人说中国的地理位置决定了我们不容易分成小国，但看一条多瑙河及其支流可以流经欧洲十多个国家，为何长江黄河、秦岭太行没有将中国分割成不同国家呢？可见这也不仅是天然屏障的关系，地理背后文化的黏合性更加强大。

在十八世纪欧洲的"中国热"中，法国的伏尔泰是最关注中国的思想家。他称颂中国地大物博、人口众多、历史悠久、政治开明、道德高尚……总之，中国是世界上治理得最好的国家，中华民族是世界上最智慧的民族。德国数学家莱布尼兹对中国的赞美更是热情："我相信，如果需要挑选一个精于辨识各民族的优点，而不是精于鉴赏女神的美丽的评判员，那么金苹果就应该奖给中国人。"

对于习惯各自为政的欧洲人来说，中国最能冲击他们的便是辽阔的土地和众多的人口。这是最直观，也是最重要的一个差异。中国没有像基督教那样的宗教，但又似乎有很多信仰，中国文字在欧洲人眼中非常难懂，他们甚至认为这是导致中国科技落后的原因。对于西方文化来说，中国不是另一个国家，而是另一个世界，这种文化巨大差异，也可以从中国文化的地理传播来看到一条脉络。

一种文化长久停滞在某一个区域内，便很难突破和前进。但如果像流水一样随时变动，就能产生出新的浪花来。中国历史上每经一次大乱，必有大批人士，由其原地址流亡迁徙到新的区域去。这种迁徙，就成为文化的流动。

西汉末年，长安残破。东汉末年，洛阳又一片荒墟。五胡之乱，一部分中国人迁往辽东，一部分迁往西凉。待到北朝兴起，进入中原的北方少数民族和中原的汉族再汇合起来，便产生了新生命。其大部分迁往长江以南的中原人民，则形成东晋与南朝。此下南北朝再经汇合，即有唐代新盛运兴起。

文化的新生，需要新地域的培养。佛教传到中国，在慧能的弘扬下形成的禅宗南派，成为佛教后起的一大派。儒家从北方传到南部，便在宋代之后产生了一批新儒家。可以说朱子就是南方人物中最有影响力者，而此后重要的思想家，也多出自南方。至近代，南方影响更大。如太平天国起于粤，而平定太平天国的多是湘人。民国开创，孙中山、蔡锷，都生在湘粤，毛泽东也是湘人。

在人文兴衰的这条地理路线上，我们便可看出中国文化能绵亘四五千年、长盛不衰的原因。中国文化的新生与新力量，大体都在新地面、新疆土上产生的。因此钱穆说中国文化的发展，正是随着新地域的转进而扩大的。

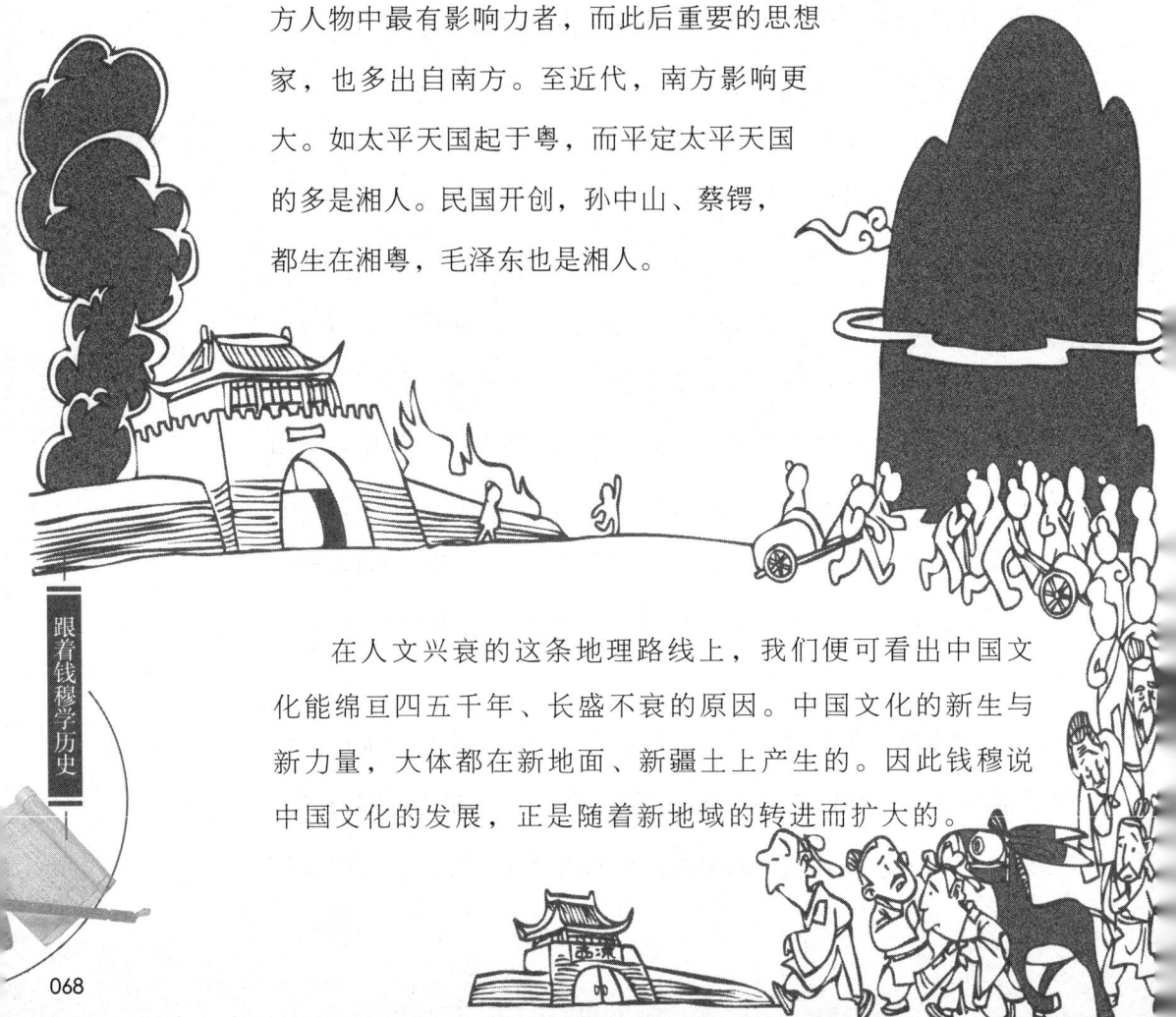

# 第四章

带着思想读历史

蔡元培说，读历史而得古人知识，以此为基本加以研究，人类知识才能进步。读历史而知古人行为，明是非究成败，借以反省自己，人类道德与事业才能进步。

任何历史，都需要一番思辨和总结，才有灵魂和深意。读史的方法决定着我们读史的效果和收获，作为历史教育家的钱穆，不仅说史，也说如何读史。

## 学术如榕树，落地生根

"我们的船渐渐逼近榕树了。我有机会看清它的真面目，真是一株大树，枝干的数目不可计数。枝上又生根，有许多根直垂到地上，伸进泥土里。一部分树枝垂到水面，从远处看，就像一株大树卧在水面上。……那么多的绿叶，一簇堆在另一簇上面，

不留一点缝隙。那翠绿的颜色，明亮地照耀着我们的眼睛，似乎每一片绿叶上都有一个新的生命在颤动。这美丽的南国的树！"

这一段文字，我们都不陌生，这便是巴金在广州看到榕树写下的一篇散文，后来被选进语文课本，叫《鸟的天堂》。一株榕树，可以形成一片榕树林，看不清谁是根谁是枝，这样奇妙的景象，钱穆也用来做了比喻。他说："学术等于我们在南方见到的大榕树，一根长出很多枝条，枝条落地再生根。"

经学是我国古代学术的一个大根，长出了《易》《书》《诗》《礼》《乐》《春秋》六艺。其中《春秋》这一枝又落到地上，生出了《史记》，如此长出来便是一棵大树，《汉书》《后汉书》《三国志》等，就是这棵树上的枝桠，往后不断向上长，分出十三类、二十四史、三通十通出来，这是史学的一枝。文学上，《诗经》一落地，便长出了汉代人的乐府，乐府慢慢长成新条，如古诗十九首等，后来又长出律诗、绝句这些枝桠。又比方说，诸子百家这一大丛枝桠中，老庄之学落地，生长出了王充的《论衡》，另外变成了一枝。

这棵榕树，虽然新的枝条在不断生长，但是旧的也还在。学术正是如此，虽然新的东西在不断发展，但是旧的基础没有消失，新旧可以并存于世，也可以同时衍生出新的枝条。如一个清代人，既可以在前人衍生出的新枝条上发芽，也可以在六经的老树根上发芽，并不矛盾。正是因为如此，中国的国学才显得如此繁荣而又复杂。但其中其实有先后可循。

历史本不是一门专门的学术，就

是在司马迁写《史记》的时候，他也并没有意识到自己是在写史学上的开天辟地之作。虽然《尚书》《春秋》当中的文字都可以看作是史料，但人们并不看重史学。在魏晋时期，经史子集中的史所占的分量与经比起来，还犹如一棵榕树与旁边有三两叶子的小枝桠一样。史学独立成一棵树，并有自己的"史学"之名，正是从《隋书·经籍志》开始的。

在《隋书·经籍志》中，史部被分为十三类：正史、古史、杂史、霸史、起居注、旧事、职官、仪注、刑法、杂传、地理、谱系、簿录。钱穆说《隋书·经籍志》中的变化，是历史上一件极大的事情，比汉光武帝、曹操这些政治人物的影响还要大。

了解史学这一株榕树的成长史，不仅让我们知道了史学发展的大体，也让后人在学史读史的时候明白，史书并不是独立存在的，在它的根部，还与其他的文献典籍联系在一起，正如章学诚所说"六经皆史"，读历史不局限于史学这一枝，整个中国古代的文献这一片榕树林都是需要研究的。

钱穆个人最反对的读史和做学问的方法，就是给自己画一个圈，只去研究圈圈里面的内容，一旦超出这个圈，再好的书也不想读。这就像看榕树，只盯着眼前这一枝看，忽视了旁边的大片丛林，也就看不到这一枝的全貌和整个榕树的形状。

在讲唐代史学的时候，钱穆向听众推荐了《贞观政要》和《通典》两本书。他说要仔细读的书并不多，但重点的几本不能

省略，就像游北京，故宫和长城还是要去看一下，而四合院并不是每一个都要走的。读了几本经典的史书之后，还应该看一看《论语》《孟子》之类的。

"为什么要圈出一个小圈圈，在这小圈圈里拼命找材料，作一篇论文，也得二三十万字。这只是现前的时代风气。"钱穆说。

大家不拘于一个小领域，讲中国史也不该只从战国讲起。中国思想，也不止老子、孔子。钱穆说："诸位不要说我不学思想史，这些和我无关。做学问的先把自己关在一小圈子里，坐井观天，所见自小。若说此刻没有工夫，这却不要紧，可慢慢来，此事不争迟早。"钱穆在讲历史的时候，最关心的还是听者的学习态度和学习的方法，他崇拜朱子的博大，反对在学问大范围内重重筑关筑墙，因为画地为牢，只会将兴趣、理想、抱负关死。面对看起来复杂茂密的国学丛林，从一枝飞到另一枝，便能给自己更多的空间，如果飞得高一些，还能看到整个榕树的面貌。心有全牛，自能游刃有余了。

## 有灵魂的材料才是历史

一纸《报任安书》，让太史公的两难和诚恳名垂千古，如果换作另一个人来写这个为著书而忍辱负重的故事，会是怎样的文章？断不会有司马迁自己体会到的那般深切残酷。

同样的材料在不同的人笔下，便会有不同的故事。写书如缝衣裳，虽然都是用的布，但是不同的裁缝能做出袍子、裙子、裤子，这便是方法的不同。《尚书》《春秋》《史记》，是中国史书中三个阶段，也是三种体裁。它们虽然都是写的历史，但是《尚书》是记事的，一件一件事地写；《春秋》是编年的，一年年地记载；而《史记》是传人的，一人一人地写下来。

不仅是记事的方法可以体现作者的见地，对历史的取舍也同样体现了一个人的立场。多年来的历史，要变成书，史家做得最多的也还是删减故事。

司马光在编《资治通鉴》的时候，他的工作室还包括刘恕、刘攽、范祖禹和儿子司马康。他们既是当时第一流的史学家，又与司马光在政治、史学上观点一致，故能在编书中各显其才，通力合作。在具体分工上，司马光当然是总编和录排编校总指挥。

在编书时，为了突出自己的劝上意图，所选史料内容则着重在国家兴亡、政策得失、君臣道德等方面，目的在提供治国借鉴，反映生民休戚的情况。虽然屈原是历史上著名的人，但是司马光认为他对当时的政治没

有什么影响，因而不取。不仅参考了大量的正史，稗官野史、百家谱录、总集别集、传状碑志等也不下三百多种。初稿长编长达三千多万字。经过反复研究，司马光除将他认为最可靠的材料编成《资治通鉴》之外，又将各种不同的说法和鉴别理由加以逐条说明，著成《通鉴考异》。

编完一部《资治通鉴》，剩下没用的材料堆积有两屋之多，皆蝇头小字，字字端谨，无一字潦草。书成之后，六十六岁的司马光身患编辑职业病，"筋骨癯瘁，目视昏近，齿牙无几，神识衰耗，目前所为，旋踵遗忘"。

司马光对史材的把握，紧紧扣着劝诫君王的主题，因此《资治通鉴》后来成为一部帝王教科书。欧阳修与薛居正都写《五代史》，但是欧阳修凭一己之力编出的《新五代史》却受到钱穆的称赞，认为它要高出旧史很多。

欧阳修的《新五代史》与薛居正主编的旧史不同，他不是奉朝廷之意，而是私家所撰。他常以"呜呼"开头，"当此之时，臣弑其君，子弑其父，而缙绅之士安其禄而立其朝，充然无复廉耻之色者，皆是也"。他作史的目的，就是为了抨击那些他认为没有"廉耻"的现象，达到孔子所说的"《春秋》作而乱臣贼子惧"的目的。于是他模仿春秋笔法，自编新史。

司马光与欧阳修，都是将材料作为自己的工具，赋予它们灵魂。钱穆所担心的，则是在他那个时

代，写书的人只把众多材料凑配，写史者自己变成了工具。"做学问该以自己为主，做那使用材料的人，而不是为材料所用的一个工具。"

在周公时，中国古人本没有所谓史学、经学的观点。一切创作，都是摸着石头过河，没有章法可循。孔子作《春秋》，后来被奉之为六经之一，成为中国第一部编年史，但在孔子脑子里，也没有如我们所谓的"编年史"三字。

像周公和孔子，才是钱穆所说的"真创作"，如果要别人来找材料，就不算用心，而学习贵在用心。书人人能读，文章人人能写，材料人人能用，但是各人的用心不同，读书、作文，都会有高下之别。

钱穆比较推崇清代章学诚总结的史学三要，也就是史才、史识与史德。

史才，就是分析与综合的能力。将一件事解剖开来，从各方面去看，如汉末黄巾起义，可以从政治的、社会的、经济的以及学术思想、民间信仰种种角度去看，然后才能明白当时的社会情况；另一方面要有综合的本领，能将表面上看起来不相干的两件事情看成一事的多面，这种才智就是史才。

史识，用钱穆的话来说就是"须能见其全，能见其大，能见其远，能见其深，能见人所不见处"。如一块石头有坚固和洁白两种性质，这本是不能分开的，而我们的思想能把捉住这两种不同，看历史也要这样来把捉。这样的能力，就是史识。

史德是一种心智修养，要从史才与史识中逐渐培养出来。不抱偏见，不作武断，不凭主观，不求速达。这些心理修养就是史德。

综合这三种能力，材料便不简单只是材料，而可以成为研究历史、走进历史的阶梯。最后也能提高心智修养，加深我们的见识和智慧。

## 无门户之见，但慕大师遗风

南北朝时期的大思想家、经学家颜之推著有《颜氏家训》，这是中国历史上名人著家训教子立说的先河。颜之推之子颜思鲁，也是博学之士，思鲁的儿子中又有颜师古，遵循祖训，博览群书，学问通博，擅长小学，更是贞观年间一大经学家。颜氏的后人当中，还有大书法家颜真卿。颜氏一门成为后人研究家学传承的范本，这一个庞大的学问之家被称为"琅琊颜氏"。

中国历史的学问极讲究师承，而师承莫过于家学渊源。在古代，几乎绝大部分著名的学问家都是有家学根底的人，"学术父子兵"比比皆是。

在经济和交通都还不甚发达的古代，口耳相传、耳濡目染是最好的教育方式。所以家学成为教育中非常重要的一种，包括做个打铁的生意，都是子承父业、代代相传，被称为"畴人之学"。

钱穆对这种学问继承的现象有一个批语，叫作"门户之见要不得，而师承传统则不可无"。做学问既要知一家之言的来龙去脉，又要防止门户之见、狭窄短浅。

民国之前，钱穆的这句批语重在

"门户之见要不得"上，因为当时是师承派系明显，而不够开放。清代的学者们喜欢创立门户，如桐城派、浙东派、吴派、皖派，汉学、宋学，经今文、经古文，等等，将清朝的学术组建成一个立体复杂的大厦。虽然各家都有专长，但也有不足之处。学派是一种身份，也是学者继续探索的桎梏。

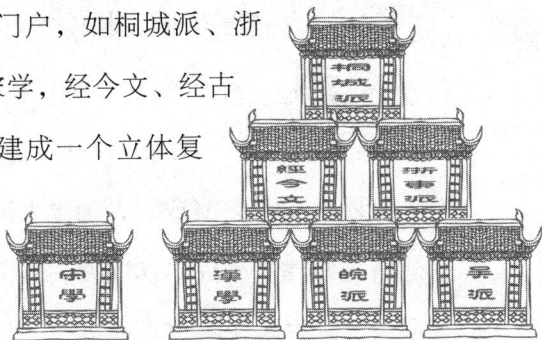

　　但是到二十世纪六十年代，钱穆做演讲时所说的批语重点则转移到"师承传统不可无"上面了。当时年轻人接受西方思想，加上国学本身遭到批判，学术不兴。新一代的年轻人变成无所师承，但信口批评的一代了。所以钱穆寄语，要循着一个学术派别来做学问。

　　世界史上，绝大多数学术创造都是在学派中产生的。古希腊有柏拉图学派，春秋战国时期有儒家学派，当代有存在主义、结构主义、马克思主义、西方马克思主义，学派是一个集思广益、前赴后继的集体。春秋战国时期是中国古代文化最辉煌的时期，也是中国学术史上学派最多、最富个性的时代：儒家、墨家、法家、道家等九流十家相互争鸣，诸子百家遂成。孔子也可以说是中国正统文化的学派领袖，而《论语》就是儒家学派的内部交流记录。

　　师承学派，意味着一种绵延持久的努力，在知识的传播过程中，一种思想的发展空间得到了最大限度的延伸。建一座精神大厦与建一座商城不同，因为精神上的建设到底能筑到哪一

层，是不知道的。只有后人不断去试探和思考，才能慢慢往上走。今天的儒家，就可以说是世代儒者不断努力建立起来的一座巨塔。学有师承，好比站在巨人的肩膀上。

但西学东渐愈演愈烈，国学大厦岌岌可危。这时候的年轻人只想将这些建筑一栋一栋摧毁，更谈不上师承，只是遇书便读，无所取舍。钱穆说："长此以往，将没有学术可言了。"

既要继承前人的思想，又要防止自己囿于一家之言。进退都要把握好度，否则是过犹不及。这种学术太极，钱穆本人算得上一个高手。

钱穆本人师承的，可以说是古典文献当中的精华。他熟读史书，也详究经学，对以往的名家经典都做足了研究的功夫。只有调查研究才有发言权，钱穆在国学和史学上的发言权都是不容置疑的。但是钱穆又没有将自己归于某一个学派当中，他毕生都反对创立门户。

林语堂曾写了一篇《谈钱穆先生之经学》，他将钱穆看成是一位平允笃实的经师、一个不持门户之见的史学家、一位承前启后和惠嘉百世的学者。林语堂说："宾四先生的学问，不能以训诂、章句、音韵之学视之。惟其他是史学家，所以他对中国文化、伦理、哲学，及学术之隆替，三致意焉。"林语堂也非常推崇钱穆的《国学概论》和《中国近三百年学术史》，他说："学者取此二者细读之，便知道钱先生十目乃一行，不肯放只字的工夫，然后知道他学问之精纯，思想之疏通知远，文理密察，以细针密缕的工夫，作平正笃实的文章。"

所以，在后人讨论钱穆是否是"新儒家"的时候，他的弟子余英时说，钱穆绝不是什么派系中的人，他是一个独立的学者。成为一个独立学者，自己先要站在一个高度上，又要不断突破这个高度、不断向上看，这样的状态，正是一种在学派与门户之间的得当拿捏。

## 做足"说文解字"的功夫

做学问要有一个大局的意识，明白学术之间的关系；也要有一个哲学的头脑，来思考材料背后的精神；还要有所师承，避免信口开河，走了冤枉路。但即使这些都做到了，我们还不能开始研究历史。因为等待我们研究的是坟籍史册，我们首先要能读通读懂，才能有所创造。钱穆说："古书不明，由小学不振。"这里所说的"小学"，也就是说文解字之学。

"通文字不仅为读书，从更大意义上来说，要研究民族文化种种要点，要从语言文字入手。也可以说，此下中国文化不复兴，也就因为我们的不识字，或者识字识得太粗浅、太浮薄，不能从精细深奥处去了解。"识字这个最基本的问题，竟然成了我们文化传承的一大危机。

不管繁简之争的结果到底如何，对于一个有志于学习历史的人来说，认识繁体字是最基础的功课。也只有在这个最基本的能力之上，才有更广阔的空间去发展。

汉字是我们民族最独特的创造，它自成一系，从象形到六书，而后隶变、楷化，甚至衍生出专门的书法字画艺术。一个汉字，其中有形有声，形声会意，错综变化。如：古语中读辟音的汉字，都有分开在旁的意思，故臂，上肢在身两旁；壁，室之四旁；劈，刀剖物开；襞，布幅两旁相缝叠；璧，玉佩身旁；嬖，女宠旁侍；僻，屏开一边，侧陋邪僻，不在正道；避，走向旁去；譬，以旁喻正，使人明了；癖，宿食不消，僻积一旁……

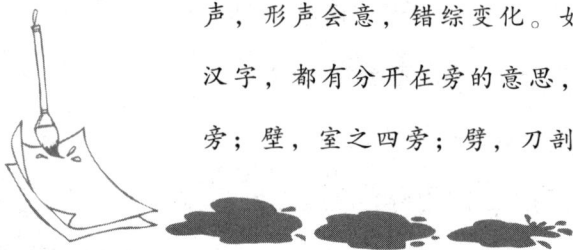

汉字之妙，钱穆一直是赞不绝口。就从明白一个字的含义和渊源而言，繁体字确实比简体字更加接近本意，如季羡林先生说坚持写"愛"，因为"有心才有爱"。

但是钱穆所说的"小学"不仅仅是要认识繁体字。从学术上来说，一般"小学"要包括文字、音韵和训诂，也涉及校勘、改正讹误和辨伪。《吕氏春秋》中有一个经典的识字故事。

孔子的弟子子夏到晋国去，路过卫国。他听到有个人在念历史书："晋国的部队三豕过河。"子夏说："不对，是己亥（古代计时法）。那'己'跟'三'相近，'豕'跟'亥'相似。"后来子夏到了晋国，问晋国人那句话怎么读，晋国人说是："晋师己亥过河。"

古书因为传抄、散佚，常常容易出现这种"三豕涉河"的情况，如果没有一定的小学底子，便不能弄清楚其中的含义。

汉字寓意深刻，春秋笔法中往往一字藏褒贬。"征""伐""侵""袭""讨""攻"这六个字，在古汉语中虽同指军事上的进攻，但在意义、用法和感情色彩上却有细微差别。

"征"带有褒义，表示主动的一方在道义上占优势，常用于上对下、有道对无道。"伐"是中性词，多用于诸侯或平级之间的公开宣战，一般师出有名，《左传·庄公十年》中"齐师伐我"，后来，因"征""伐"二字经常连用，"伐"也逐渐有了褒义。"讨"是先宣布罪行，后加以攻击，有言字旁，说明主要是舆论上的进攻。"袭"是乘人不备而突然发起进攻。"攻"是军事进攻的泛称，一般不带有感情色彩，作者立场中立。"侵"则有明显的贬义，是不宣而战，直接侵犯别国。如我们现在还使用的"侵略"。

一字之中深意无穷，这既是我们阅读史书的一大挑战，但也是汉字的一大乐趣。简洁的字句中有写书者的一份感情，也有那些历史人物复杂的心理和激烈的斗争。读史并不是去摇头晃脑地背史书，先明白了每一个字的艺术，史书之中的故事和史家的个性也会跃然纸上。把死书读活，把复杂的历史读简单，便能继续下面更深入的研究了。

## 尽信《书》不如无《书》

孟子说"尽信《书》，则不如无《书》"，这样的怀疑是有道理的。钱穆也专门对中国的第一部史书《尚书》做了考证辨伪。

钱穆说，"《尚书》是一部多问题的书"。除了因为年代久远，造成文字佶屈聱牙之外，还存在真伪问题。

《尚书》有两种本子，一种叫今文《尚书》，一种叫古文《尚书》。秦始皇焚书时，有一个经学博士叫作伏生，他悄悄收藏了一部《尚书》，装在家中的墙壁里，待到汉代的时候，接近百岁的伏生藏有《尚书》的事情，传到了汉文帝的耳朵里，皇帝便派了一个名叫晁错的学者到他家求书。但伏生已经口齿不清，加上双方口音不同，只好由伏生的女儿帮忙翻译。几个月后，晁错就带着这部《尚书》回到朝中。这个版本的《尚书》被称作伏生《尚书》。还有一个问题，先秦是写篆体，秦代汉代都写隶体。于是把篆体的叫古文，拿通行的隶书写的叫今文。伏生《尚书》本是一部篆体古文的，后来在伏生的帮助下由晁错改写成隶书，因此伏生《尚书》同时又称今文《尚书》。汉廷把它拿来设立博士，传授学生，是官方版本。

后来，武帝时，有人建房子的时候弄坏了孔子旧居的墙壁，在壁中发现了许多古书。这些古书为孔子后人孔安国所有，其中就有一部《尚书》，则称作孔壁《尚书》或孔安国《尚书》、古

跟着钱穆学历史

文《尚书》。

　　有了两个版本

的尚书，自然就要比较异同了。伏生《尚书》

只有二十八篇，而孔安国《尚书》多了十六篇。

在这共有的二十八篇中，文字也不尽相同。孔安

国《尚书》一直没有被列为官学，只在社会学术

界私下流行。汉末大乱，古文《尚书》不见了，

到了东晋，忽然有人献上《尚书》，称是孔安国

本。以后，学者便把两种版本的《尚书》合而为

一，成为今天见到的《尚书》。

　　钱穆看到的《尚书》版本，又不知是经过了多少双手传抄、

批注、誊刻了。这本书可以说是"来历不明"，因此难免会出现

很多问题。比如，朱子就曾说，为什么伏生《尚书》都难懂，而

孔安国《尚书》却又都是容易明白的？到元代吴澄、明代梅鷟，

开始出来怀疑古文《尚书》是假的，靠不住。直到清代，阎若璩

写了一书名《尚书古文疏证》，辨别真伪，此事才得成为定论。

　　但是钱穆并没有完全相信阎若璩的结论，经过他反复对比和

推敲，只认为《尚书》中最可靠的是《西周书》，虞、夏、商书

都有问题。但是在这十几篇《西周书》里面，也还是有问题。为

此钱穆曾写过一篇文章，便是讨论《西周书》的。

　　钱穆辨伪的思想，在他的《朱子学案》中也有体现。他对朱

子思想作了全面考察，共分五十八篇论述了朱子的整个学术，其

中就有校勘辨伪。

　　清末，康有为《新学伪经考》中认为一切古经都是西汉刘歆

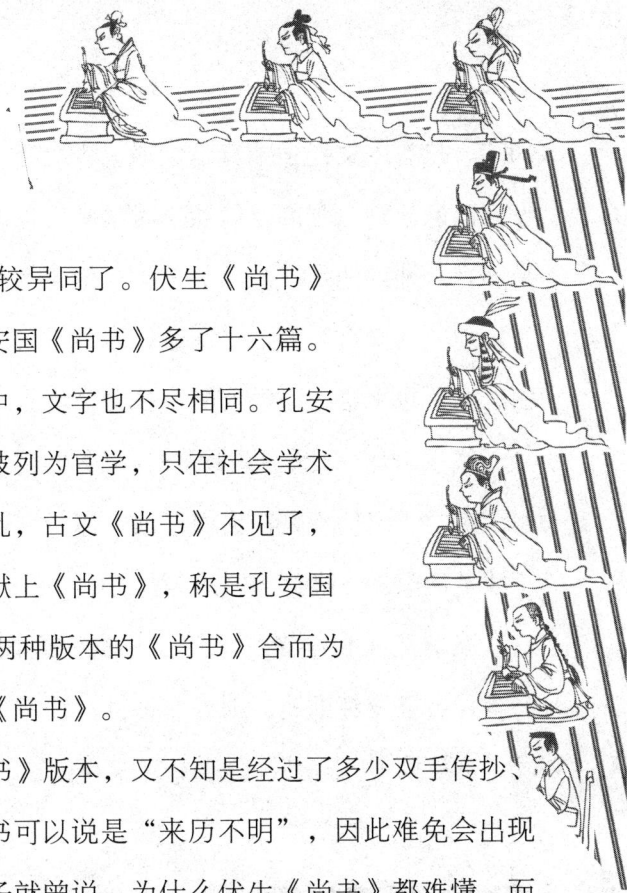

伪造，只有今文经学才算是经书，今文经都是孔子假托古人来阐发自己的政治主张的。虽然当时康有为也很有影响力，但是钱穆毫不客气地说他是"一派胡言"。他的《刘向歆父子年谱》有理有据地驳斥康有为的诸多不通之处，不仅洗刷了刘歆造伪经的不白之冤，也平息了经学上的今古文之争。

钱穆身体力行，将"尽信《书》，则不如无《书》"的精神用于治学。但他不是在自说自话、怀疑一切，扎扎实实的国学底子才是他敢于怀疑的勇气来源。

读书是在和作者交流，这种交流应该是双向的，如果迷信书本，自己没有见地，则等于将材料过了一遍，而对自己没有启发。这样读书，有劳而无功，意义不大。

## 莫为批评而批评

在《春秋》中，"崩""薨""卒""死"这四字，表示不同身份的人去世。天子死称"崩"，诸侯死称"薨"，卿大夫死称"卒"，而庶人之死才称"死"。《春秋》里把这四个字分得很清楚。孔子是鲁国的大夫，孔子之死史书也称"卒"。

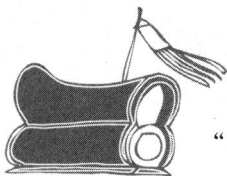

到了钱穆所在的时代，疑古批古的风潮正劲，说到《春秋》当中的用字时，便有人说，人死难道还要分一个高低贵贱？古人把死分得这样开，都是因为他们的"封建头脑"。

类似这种说法，还有很多。古人记载平时要穿什么样的衣服、颜色搭配和禁忌等等，都被批为封建形式主义，迂腐老朽。于是，当时就有很多人不讲有没有学术性可言，只是一味批评古人，就是要完成这个任务，必须得说出点什么来，慢慢就变成了为了批评而批评。先自己下一个结论，比如认为传统都是坏的，然后到处找材料来证明自己的结论。

时代大流如此，社会舆论如此，钱穆作为一个高中肄业、自学成家的小人物，发出的反对的声音也很容易淹没在洪流之中。但他还是要讲："这种对古人的硬性批评，其中没有学问可讲，至少做学问，不能先开口骂人。"

譬如钱穆认为，古书里的有些特定用词，与其论是反映了某种"不良"思想，还不如说是反映了当时的历史事实。孔子在《论语》里说"予将死于道路乎？""颜渊死，子哭之恸"；庄子说"老聃死"，也只用"死"字。《论语》和庄子的话，都是记录的平时言行，所以可以看作是民间话。而《春秋》里的文字，大体是根据周史官来的。天子死称"崩"，诸侯死称"薨"，这是周公制礼作乐里的一套礼制。原本是当时政治上的东西，慢慢这种称法成为当时的一种"官用话"。这两种用法，是当时的社会情况如此，并不是要刻意地区分什么。

其实在钱穆那个时候，对古书、历史的批评，有对的也有错的。鲁迅在《而已集·读书杂谈》中说："现在因为出版物太多了，读者因为不胜其纷纭，便渴望批评，于是批评家也便应运而起。"但是一股批古的浪潮，将中性的批评者也带入只说坏处不说好处的习惯中，渐渐越来越多的人都以批古为荣了。

汉武帝"罢黜百家，独尊儒术"。民国时有很多人思考为什么汉武帝要听从董仲舒的建议，独尊儒学。后来有人说，当然因为孔子儒家言便于帝王专制，汉武帝才采用了董仲舒之言。慢慢这种说法就成为了"常识"，大家都这样讲。但钱穆又问，此说出在何书？有何根据？

钱穆认为，汉武帝十七岁做皇帝，他还是储君的时候就对儒家的言论比较熟悉，所以容易接纳董仲舒的建议。钱穆在《秦汉史》中有详细的考证。他推测，汉武帝表彰六经为的是要便于专制统治的观点，应该是从日本传过来的。

汉时很多人认为汉不能走秦的老路，秦统一六国后十几年就亡了，汉该学周，因为周朝绵延至八百年。董仲舒便是这种想法的代表。董仲舒劝汉武帝改制，是要改秦代的制度，复三代夏、商、周的古。秦代的博士制度兼容并蓄，不论宗主都可以参与廷议；到了汉代，既然要革秦，就罢黜百家，专讲六经。

秦始皇专制时，不论门派都能议政，汉武帝正要一反秦始皇之所为，但不能说这样就是为了加强专政。"我不是要为汉武帝董仲舒辩护，只是要讲历史真相。"钱穆相信历史的真相，并不是当时人们所揭示的"加强专制"这样简单。然而时代变了，社会变了，学术上的要求也变了，"读书人该可抱些新鲜想法，讲些新鲜话。但究竟要有根据，不能废书不看，信口开河。"

"我们最好不要随便批评古人，因古人已死久了，我们批评他，他也无奈何。我们该要懂得批评现代人。如我所写《秦汉史》涉及此事的，中间哪一句话讲错了，这尽可批评。

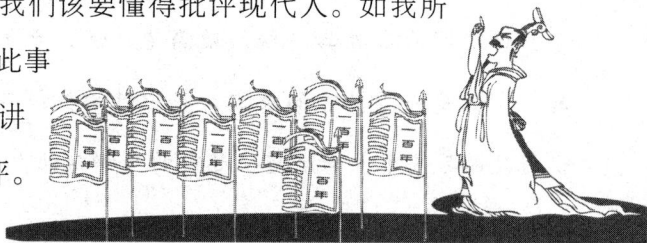

跟着钱穆学历史

不要认为近代人便不值批评，只去批评死了的。"钱穆这种对待历史和现实的态度，又何尝不表现出学者的勇气呢?

## 带着疑问来读书

《论语》中说"学而不思则罔，思而不学则殆"；张载说"读书先要会疑"；陶渊明说"奇文共欣赏，疑义相与析"；陆九渊说"读书切戒在慌忙，涵泳工夫兴味长"……钱穆将他们的话提炼成一句：读书问题不能不有，但答案不一定能有，且莫要急功近利。

读书要有疑问，因为我们常说"学问学问，有学也有问"。读书就是学，问是第二阶段。不管是问老师，还是问自己，都要"会疑"。但这并不是"怀疑"，对什么都不信，光怀疑了，又何必去读？"会疑"是要懂得疑。

对于学史的人来说，司马迁的《史记》至今已两千多年，在《史记》以前，《尚书》《春秋》《左传》《国语》《战国策》，到司马迁也有一千年、几百年，西周到现在已有三千年的历史，《西周书》以前还有唐虞夏商，到现在最少说也有四五千年。为什么中国文化和中国历史要到西周初年才有史记录？为何有了《尚书》，隔了五百年又有《春秋》，再隔了五百年有司马迁的《史记》？如果这样来疑问，便会慢慢看出中国史学的演进过程。

孔子和六经一直以来便是中国人学问的正统，但是为什么写

史便尊司马迁，写文章又宗屈原、汉赋、《文选》，这些都不关孔子的事，为什么要说我们中国人的学问只尊孔子？这样的问题，钱穆肯定思考过，也给出过答案。但他的答案，并不是立即就得出的。比如直到钱穆九十多岁的时候，他才高兴地说，儒家所说的"天人合一"，他终于领悟到了。

如果有了一个疑问便立刻要答案，得出的答案未必正确，而这种学习的心态也未免求之过急。越是有深度的问题，越是需要时间来回答。西方也说："很快明白的东西，维持不了很久。"带着一个等待答案的疑问来读书，对知识会更加敏感、留心。科学上很多大发现，都是在一个小问题上慢慢地花了一辈子甚至几辈子的工夫，才解答出来的。

牛顿当年被苹果砸中，便想苹果为什么不往天上而往地下落？书本上没有答案，他也无法立刻回答出来。但我们都知道，最后他终于解答出地球引力的奥秘。所以有问题时不要急于寻求答案，要能埋头一本本、一部部地去读书。

《尚书》《论语》《史记》这些经典，是中国人世代慢慢传下来的"必修本"。但是到了近代，一些人不去读这些古书，看到了也视而不见。这样的人便不能做学问。真正想要弄清楚中国的传统到底是怎样一回事，还需静心将历代推崇的书看一个遍。虽不是本本精读，但要知道大体。埋着头跑向前，积累到一定程度，再放开眼睛四边看。这是钱穆向他的学生推荐的一种学习方法：既要"高瞻远瞩"，又要"博览综观"。

东汉人王充曾在京城太学里学习，拜扶风人班彪为师。他喜欢广泛阅读，记忆力很好，过目不忘。但是他不拘泥他人的观点，是我国思想史上少有的敢于大胆怀疑的人。

虽然王充没有得出唯物主义的结论，但他的学习过程中充满了思维的乐趣。他一生没有得出关于神鬼的绝对答案，直到今天我们也必须承认人类对宇宙认识得不够。但是带着疑问去读书的人，正如钱穆所说的那样，不容易产生倦怠，一直为了答案而追求。

## 《史记》的立例与破例

司马迁的《史记》是中国历史书上第一部纪传体通史。在他之前，有记言的《尚书》和按照年代编写的《春秋》。《史记》虽以人物为中心，但也要处理记事和编年的问题。如记载项羽这个人，他在何年做了何事便是要写的重点。

《史记》共一百三十篇，五十二万六千五百字。有十二本纪、三十世家、七十列传、十表、八书，共五类。

本纪主要是写帝王的，如《五帝本纪》《夏本纪》《商本纪》《周本纪》《秦本纪》《秦始皇本纪》，一直到汉朝，一个皇帝一篇。写汉高祖、汉惠帝，就从他们做皇帝时从头到尾的大事都提纲挈领写一遍，所以本纪如同《史记》里的《春秋》。

世家主要是分国的，春秋时代有较为强大的十二诸侯国，如《鲁世家》《齐世家》《晋世家》《楚世家》，这些分国史也照年代排下，主要还是记事。

列传，主要记录著名的人物，不是王侯但很有影响力，是《史记》中最主要的部分，也是太史公的独创。但在《史记》以前，人物的重要地位，就已经一天天地表现出来了，到了太史公正式地规范了列传的体例。

表，就是将事件列成表格，简洁而又一目了然。书，是专为一件事而特作一篇书。如水利问题就作《河渠书》。

因此，太史公的《史记》其实是把太史公以前史学上的各种体裁兼收并蓄，合来完成这样一部书。

计划建一幢房子，先要有一个大间架，一窗一门，则小木匠也可做。大著作家必有大间架，而大间架需要大学问来支撑。史书中的体裁，也只是一个大体，而不是固定不变的死格局。司马迁在使用体例上，就体现出了大师的智慧。

春秋战国分国写史，太史公把每一国作为"世家"。但到汉代，情况又不同了。如张良封为留侯，但张良并没有把封地传给子孙；萧何封为酂侯，但也只是封他酂地，使得"食禄"。留与酂都不属春秋战国时的那种独立国家，但既然他们被封为侯，太史公《史记》也把他们列入"世家"。

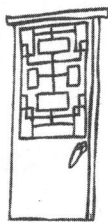

在春秋时，孔子并没有被封一个国，也没有土地传子孙，并且也不像张良萧何般有"爵"位传下，照例入史应该称"列传"。但是《史记》却特别把孔子立为"孔子世家"。这岂不是太史公"自破其例"吗？但到今天，后人看过孔子几千年来对中国传统的影响，才明白太史公见解的伟大之处。孔子的地位列入"世家"绝对不虚。孔子的伟大，也可以看到太史公见识的伟大之处。在太史公的心目中，孔子是全中国历史思想家中最伟大的一个，所以他自破其例，纪孔子以"世家"。孔子的伟大和与其他诸子百家的不同，太史公没有多言，只将"列传"换成"世家"二字，便一切尽在不言中了。

先秦诸子方面，孔子作为世家，又有一篇《仲尼弟子列传》，这又是一个特例。《史记》并没有墨子、荀子弟子列传。在战国时，所谓儒分为八，墨分为三，但太史公只写一篇《孟子荀卿列传》，把孟、荀两人合在一起。直到今天讲战国儒家就是孟、荀两家。太史公还写了一篇《老庄申韩列传》，把法家申不害、韩非和道家老子、庄子合成一传，说法家思想是从道家来，这种见解，也是超出他的时代的。

后人批评太史公的书"疏"，粗枝大叶。到了班固的《汉书》，就改称《项羽列传》了。但项羽不是汉代人，把项羽列汉初，也是不妥的。历史与思想，总是密不可分的。所以像太史公《史记》那样写《孔子世家》《仲尼弟子列传》《孟子荀卿列传》《老庄申韩列传》等，只几个题目，就已经可以看出司马迁的不凡之处了。太史公的父亲司马谈最佩服道家，对道家也有极精到的言论，太史公承父遗命来写《史记》；但《史记》里对百家观点，便和他父亲的观点不完全一样。司马迁把他父亲的见解和他自己的见解都清清楚楚地收在《史记》里，钱穆不禁佩服"这样的史官才是真正的良史"。

## 司马迁与班固：一"龙"一"猪"

我们常将司马迁和班固合称"迁固"或者"史汉"。《汉书》是我国的第二部正史，也是第一部以朝代为限制的断代史，因此也同样具有划时代的意义。

黄仁宇曾评价说："总算还是中国读书人的运气好，得有太史公司马迁在兰台令班固之前写作，否则没有《史记》，径由《汉书》开二十三史之端，中国史学的传统，必更趋向'文以载道'的方针，更缺乏'百家殊方'的真实性和生动活泼了。"钱穆也和黄仁宇一样，比较欣赏《史记》，他甚至引用郑樵的话说，两者相比，实是一"龙"一"猪"。

司马迁《史记》与班固《汉书》间隔了一百七十多年，等于我们今天到清道光年间，还是有很大一段差距。两本书问世之后，命运也迥异。

魏晋南北朝时，崇尚骈文，便都看重班固《汉书》，而轻太史公《史记》。宋代以后，才看重《史记》。明代归有光尤推《史记》，清代桐城派也重视《史记》。曾国藩曾把《汉书》的骈体拿来补充进《史记》的散体中。

由于《史记》只写到汉武帝的太初年间，当时便有不少人为它编写续篇。如刘向、刘歆、冯商、扬雄等十多人都曾以《史记》为名动笔。班固的父亲班彪也在其中之列。班彪死后，二十几岁的班固动手整理父亲的遗稿，和司

马迁一样，决心继承父业。就在班固着手编撰《汉书》不久，他因"私改作国史"被关进了监狱，家中的书籍也被查抄。班固的弟弟班超担心他受委屈而难以自明，便上书辩护。后来汉明帝很欣赏班固的才学，就任命他为兰台令史，成为官方的编辑。

这一点可以看到，司马迁和班固两人虽同样曾身陷囹圄，但两者的境遇有天壤之别。一个因为家贫无助而受了宫刑，忍辱负重只为成"一家之言"；一个却在家人的帮助下因祸得福，成了拿政府俸禄的官家。

《汉书》中最棘手的是第七表《百官公卿表》、第六志《天文志》，这两部分都是班固的妹妹，也是当时的大学问家班昭在她兄长死后独立完成的。

《汉书》在体例上对《史记》有所损益，如《汉书》把《史记》的"本纪"省称"纪"，"列传"省称"传"，"书"改曰"志"，取消了"世家"，汉代勋臣世家一律编入传。这些变化，成为后来正史的范例。

太史公书大部分都是原创，如《魏公子列传》《平原君列传》《刺客列传》之类，文字感情饱满，而使人读了无不兴会淋漓，欢欣鼓舞。《汉书》中则缺乏这样的文字。这也与两位作家的性格有关。司马迁为交情不深的李陵辩护，而班固则投在窦宪门下。两两相比，大不相同。

太史公写人，常会把感情投入到一个人身上，让那个人跃然眼前。如信陵君、平原君、聂政、荆轲，往往使后人读了都想见其人。太史公都是从欣赏的角度来写这些人的，一部《史记》似乎是活的，因为书的背后有一个活的司马迁存在。班固的

《汉书》，则是把事情详详细细地都摆在那里，叙事得体，但是没有《史记》生动和感情饱满。

司马迁的《史记》中带着一种浪漫主义和个人主义的作风。司马迁自称"少负不羁之才，长无乡曲之誉"。他所崇奉的"士为知己用，女为悦己容"也可以说是归源于儒家道德，可是这立场就已经和经过"罢黜百家"之后的所谓儒家不同了。

《史记》里写荆轲和高渐离饮酒击筑，又歌又泣，旁若无人，写项羽虽暴躁却又浑憨可爱，其英雄末路，令人怜惜。而刘邦倒是像一个伪君子。司马迁形容吕后残虐戚夫人，以致她亲生的儿子孝惠帝指斥她"此非人所为"。班固作《汉书》时，有关刘邦的一段，还大致采取司马迁的材料。但是他的《高后记》则隐恶扬善，对戚夫人事一字不提，而只在书末《外戚传》内叙及。

司马迁的狂放受到班固的指责，《汉书》里《司马迁传》中，班固批评他"是非颇缪于圣人，论大道则先黄老而后六经，序游侠则退处士而进奸雄，述货殖则崇势利而羞贱贫，此其所蔽也"。但是两人究竟谁更值得敬佩，钱穆和黄仁宇都把票投给了真性情的司马迁。

## 刘勰与刘知几，谁才算史家

"最近我们的学问是不在中国了，也似乎刘知几比刘勰更时髦。那就无可多讲了。"钱穆的这番话，情近司马迁的"尚何言哉！尚何言哉！"事已至此，还有什么好说的呢！钱穆对刘勰的同情和赞许，在他批评时人只重视刘知几的现象中表露无遗了。

刘知几的《史通》这部书和《史记》一样，都是个人的著述，因而不受朝廷的干涉，主要是作者个人对历史的见解。刘知几总结了唐初以前编年体和纪传体的特点和得失，并认为断代史则是今后史书编纂的主要形式。中国历史上少有"通论""概论"之类的著作，而刘知几的这本《史通》对纪传体的各部分体例都作了提纲挈领的分析，对写史的方法和技巧也有论述，因此钱穆说这部《史通》是中国学术史上唯一的一部史学通论。

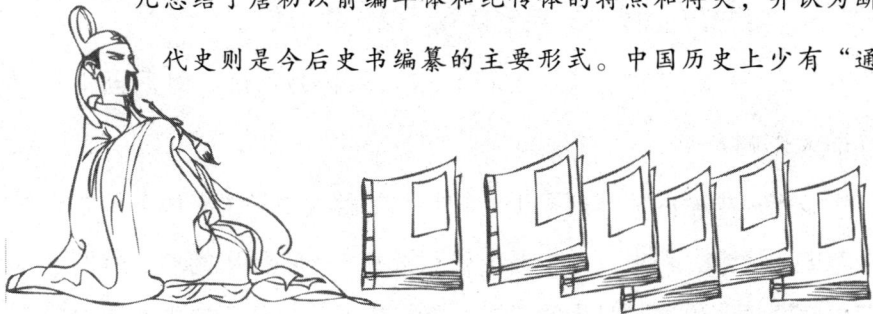

中国在文学上，上自唐代韩愈、柳宗元，经宋以下，都不重视以研究骈文为主的《文心雕龙》，所以一般人多读《史通》。直到近代，人们开始重新研究骈文，才重视起《文心雕龙》，并与"红学"一样，形成了一派"龙学"。

《史通》能够在史学上拥有众多的拥护者，一定程度上和刘

知几把史学家的工作分为三个等第有关。他敬佩敢于奋笔直书、彰善贬恶的史家，如董狐、南史；次是善于编次史书、传为不朽的史家，如左丘明、司马迁；三是具有高才博学、名重一时的史家，如史佚、倚相。

经过对史书和史家的一番考究，刘知几第一次提出了史学家必须具备史才、史学、史识"三长"的论点。史学，是历史知识；史识，是历史见解；史才，是研究能力和表述技巧。"三长"必须兼备，而史识又是最重要的，要忠于历史事实，秉笔直书。

史有"三长"之说，被时人称为笃论，对后世也有很大影响。

钱穆对史学的标准则异于刘知几。钱穆说史学的工作，主要是考史、论史、著史。《史通》虽然被列为一部评史的书，所谓评史重要是评论这一时代的历史，但《史通》只是评论史书和史家，并不是评论那一时代的历史。

史书记载"史情"，就应该有"史意"。所谓"史情"就是一件事的实际情况，如汉武帝罢黜百家，表彰六经。现代人对这件事的理解是汉武帝为了方便专制，但钱穆认为完全不符合当时历史实情。对每一件史事，要懂得探究它背后的实情，这实情背后就有一个"史意"。

如研究《春秋》，就该认识春秋时代这段历史背后的一番意向，才能真正明白到那时历史事件的真实情况。钱穆认为《春秋》是孔子所著，它是有史法的，这种史法就来自于孔子对春秋时代之史情与史意，有他的一番极深的看法。

但刘知几的《史通》尽在那里论史书、史法。讨论《史记》

怎样写的,《汉书》怎
样写的,写得好和坏,
尽只是着眼于方法,
而忽略了历史背
后的实情与意
向。这样只论史法,并没有直接触到史学。这在钱穆看
来,是肤浅的、皮毛的。

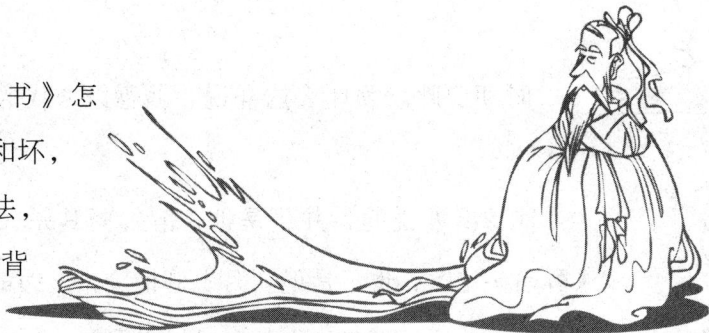

说到底,钱穆认为刘知几的最大不足在于,他对整个历史没
有一番清楚明白的看法,没有坚实的历史基础,发表的议论也就
是不能切中肯綮的驳议了。

而比较之下,刘勰的《文心雕龙》更得钱穆看重,因为他能
注意到学问之整体。刘勰注意到了学术的本原、文学的最后境界
应该在哪里,这些用心,是刘知几所缺乏的。

因此钱穆说,刘知几只是一个史学专家,他的知识和兴趣,
只在史学一门,而刘勰讲文学,却能注意到整个学术的本原,
因而刘勰不能仅算一个文人,他是专而又通。只有对整个学术
大局有一个全面的认识,才能高屋建瓴,创作出值得敬佩的作
品。这便是钱穆的"史学最高准绳"。

## 欧阳修《新五代史》，正史中的异数

如果将中国的史学划分成一段一段来评价,从《春秋》到
《史记》,是史学的一段黄金时代,而时代背景则是春秋战国的
乱世;从东汉到唐初刘知几的《史通》,是第二个发展阶段,这
一阶段的时代背景也算中衰,史学发展虽然看起来很繁盛,但是
钱穆说它不够理想;第三个阶段是宋。宋代衰弱,但是史学比第

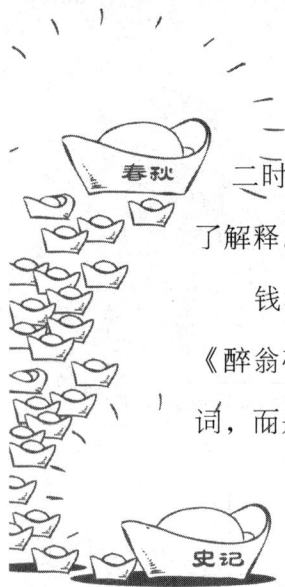

二时期要胜。为什么这样说，钱穆以宋代的欧阳修为代表做了解释。

钱穆所要说的，并不是他"醉能同其乐，醒能述以文"的《醉翁亭记》，也不是他"月上柳梢头，人约黄昏后"的雅致诗词，而是他的《新五代史》和《新唐书》。

唐代以后，中国人修史都是政府委派，公费编撰。唯有欧阳修的《新五代史》，属于他的私家著史。

欧阳修之前，已经有前辈薛居正主编的《五代史》，欧阳修的《新五代史》，体例和写法都不同于薛史。《宋史·欧阳修传》中的话可以作为他别出心裁的原因："自撰《五代史记》，法严词约，多取《春秋》遗旨。"这里所说的"《春秋》遗旨"即《春秋》笔法。欧阳修感叹"呜呼，五代之乱极矣！"他所要做的，就是将那些寡有"廉耻"的现象写出来，让后人明白是非曲直。

欧阳修的这部《新五代史》，并没有在他的有生之年得以发表。在欧阳修去世一个月后，朝廷下诏命他的家人奏上，然后藏进国家图书馆。到了金朝最受汉文化影响的章宗时，欧阳修的《新五代史》才逐渐代替了旧史。

用钱穆的话来说，欧阳修的《新五代史》文比《史记》，而义理近《春秋》。文比《史记》，是因为欧阳修本身就是一个大文学家，他在文学上的造诣，要高出列朝史官很多。因而他的文章读起来本身就一种享受。

说他义理可比《春秋》，是因为他对历史的觉悟，著书以惩恶扬善、激浊扬清为宗旨。也就是既有精彩的史情，也有诚恳的史意。

五代所谓"朱李石刘郭，梁唐晋汉周"，为期五十四年，但是有八姓十三君，除了梁唐合计有三十多年，其他都是短命王朝。而且这些政权之外，还有一些小的政权独立其外。因此有很多人做过好几个朝代的臣子。这就让史家很难按断代来写世家列传。旧史按照谁死在哪一朝就列为哪一朝的臣子，而欧阳修则是列了一个"杂传"，将那些可以入传但又身份复杂的人，挑出来完完整整地讲清楚。在唐是什么，到了梁、唐、晋、汉、周又是一个什么情况，写得清清楚楚。

有人说这样写目录不好看，但是这种目录正体现了乱世的特点。

当然，最让钱穆欣赏的，还是欧阳修每以"呜呼"开头的一段议论。一个史家的眼界和修养，全在这评论当中了。欧阳修坚持分清是非，这是对历史的一种负责任，也是对后世的负责任。

欧阳修曾和宋祁等一起编修《新唐书》。其中"志"和"表"都是在欧阳修的主持下所写，也最受后人的称赞。完成之后，照理应该署上一个总编撰的名字，就像《隋书》署了魏徵之名，其实不是他一个人的功劳，但是他官最大，就归在他名下。《新唐

书》的署名，欧阳修坚持分开，因为他说宋祁的年龄比他大，作为后辈，他不敢独享此书。结果，《新唐书》就分开署名，谁写的就署上谁的名。宋祁说，欧阳修是他见过的最谦虚而又尊重别人的人了。后来欧阳修总其成的时候，没有删改宋祁的一个字。

钱穆说："各人有各人的学问和见解，欧阳修的这种态度，值得钦佩。"当然，欧阳修不只是为人谦虚，他对材料的加工和提炼，才体现出了一个史家应有的风范。宋代得一欧阳修，史学之幸！

## 摘下康有为的学术假面

在钱穆的著作中，《刘向歆父子年谱》属于较早的作品，正是这部作品让他得到顾颉刚的赏识，将他推荐到北京的大学任教。这本书曾以论文形式发表于1930年，当时康有为已经去世三年，但他对时人的影响还一直存在，钱穆的这部书，可以说就是专门针对康有为的一些观点而作的。这部著作针对晚清今文经学家如谬平、康有为等认定刘歆伪造古文经一事，以令人信服的证据否定了今文经学家的观点，了结了晚清道咸以来的经学今古文争论的公案，在北方学术界一举成名。

"考"为考证、考察的意思。康有为《新学伪经考》将历代尊崇的"古文"经典，如《周礼》《逸礼》《古文尚书》《左传》《毛诗》等都认为是西汉末年刘歆伪造的，因此都是"伪经"。而刘歆制造伪经的目的，是为了帮助王莽篡夺西汉的政权，建立国号为"新"的朝代，所以古文经学是新莽一朝之学，只能称之"新学"。这种对所有古文经进行彻底的否定和批判的做法，在政治上打击了"恪守祖训"、不愿变法的封建顽固派，为资产阶级改良预热。

《孔子改制考》中，康有为把孔子极力描写为一个力主改革的圣人，把大同思想说成是孔子教义的最高境界。这本书其实也是康有为打着孔子的名义，来减少新法推行中的阻力。康有为曾任孔教会会长，并且曾致电黎元洪、段祺瑞，提出祭孔要行跪拜礼，说"中国人不拜天，又不拜孔，留此膝何为？"其实，对孔子的尊重也是出于他对自己主张的保护。

康有为的变法动机是为了让清朝强大起来，摆脱压迫和侵略。但用钱穆的话来说，他是急于"史意"而忽略了"史情"。对传统经典的彻底否认，从根本上违背了历史情况。在一个不牢固的史情之上，史意也只是空中楼阁。因此他的《大同书》不仅没有得到人们的认可，反而受到很多人的抵制。他的书刚出，就被政府官员勒令销毁。

公车上书、百日维新，都是康有为主导主演的历史剧，但唱得并不顺利。毕竟清朝的命运不能靠一个皇帝来挽回，为了变法而伪造历史，这样的做法也站不住脚。

钱穆在他的《历代中国政治得失》中说："也不能说康有为的理论全不对。他说一个国家只要能立宪，皇帝有无是无关紧要的。当时英国有皇帝，德国、日本、意大利也都有皇帝，我们不必定要革命废皇帝。但康有为只知道皇帝无害于立宪，却不

101

知道清朝皇帝的后面是一个部族政权在撑腰。"

钱穆说康有为虽然在政治上失败了，但是他在学术上的影响力还在。"他跑进北平东交民巷荷兰公使馆，就在里面叫人再翻印他的《新学伪经考》，果然在北平市上还有很多人买他这书。他在学术思想上还是领导着一个新的方向，然而辨伪过了头，其实是荒唐的。"

因此，钱穆要通过实实在在的考据和论证，来揭下康有为这位政治家的学术假面。在《刘向歆父子年谱》中，钱穆以《史记》《汉书》为基本依据，列举二十八证，反驳康有为《新学伪经考》的论点。

不过，钱穆并没有彻底否定康有为的思想。毕竟政治上的进步和学术上的造假，要分开而论。康有为所说的孔子托古改制，钱穆承认古代有托古改制的做法，比如《尚书》中的《尧典》，就是战国人伪造，是战国末年人的一个理想政府。但他不能同意康有为拿这话来讲孔子，说孔子以前，根本没有尧舜，没有《尚书》，没有周公。总的说来，钱穆提倡读史辨伪，"但辨伪工夫中寓有甚深义理，不能轻易妄肆疑辨"。维新领袖康有为，还有当初赏识钱穆的伯乐顾颉刚，都是辨伪疑古过了头，钱穆坚持要从学术上来"据理力争"。

## 梁启超，有史才而无史学

梁启超是中国近代史上不可不说的人物，他是政治活动家、启蒙思想家、资产阶级宣传家、教育家、文学家和史学家。在进京赶

考的时候，梁启超接触到了康有为，并拜他为师，逐渐成为维新派代表人物，并曾参加了百日维新。

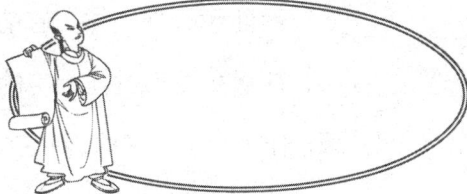

梁启超的身份比康有为更加多面化。康有为在史学上，仅仅只是利用了一把史学，还算不上一个史家；但是梁启超则是在史学上正儿八经地做了研究，而且史学是他诸多研究中成绩最为卓著的一个领域。因此，钱穆只是大概地批评了"门外汉"康有为，但是对于梁启超，钱穆则较为细致地进行了"专家点评"。

虽然梁启超的学术背景较之康有为更加厚实，他在宣传、教育方面的主张也更加具体可行。但钱穆对他的学术作为还是不甚满意。这一点从他们两人的著作表中就可以看得出来。

梁启超于1923年著《中国近三百年学术史》，钱穆于1937年著《中国近三百年学术史》；梁启超于1921年在南开大学演讲，演讲内容汇集成书，书名为《中国历史研究法》，钱穆于1961年在香港做八次演讲，演讲内容汇集成书，书名为《中国历史研究法》。

在历史上，研究同一领域并以一个名字，这不足为奇。范晔著《后汉书》的同时，还有七家著《后汉书》。但是范晔的《后汉书》在理论和艺术价值上都高出同名的书，另外七家的《后汉书》也就没有流传开来。

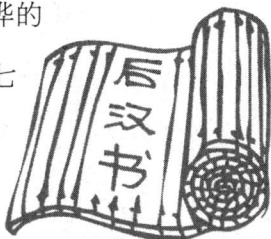

然而像钱穆这样，有前辈大家著书在前，自己写同名著作在后，前后相差不过几十年的则很少。钱穆受中国传统文化熏陶较深，作为一个后来的研究者，他有很多方面不同意梁启超的观点，所以毫不避讳地写了两本同名书籍，也不介意别人拿来作比较。

钱穆曾评价梁启超说："历代都以刘知几的史识、史才、史德和章学诚的史学来衡量一个史家。说到史才，以近代梁任公梁启超来说，他写的《中国六大政治家》，特别写到其中的王荆公；他又写《欧洲战役史论》《清代学术概论》等，我觉得梁任公该可以说有史才，他能写历史。但在史学上，梁启超是做得不够的。还是因为他书读得少，也不能精读。比如他论王荆公变法、论清代学术，都没有真知灼见。他并没有在这些方面详细地学，他可能是有才而无学。至于说到'史识'，这就更高一层。梁启超就更嫌见识不够了。"

康梁变法失败后，梁启超曾慨然说：两千年中国历史只是没有正式的革命。这种观点与钱穆的史学观恰好相反。因为在钱穆看来，在中国的传统政治下，其实不需要革命。而在晚清当时，则是非革命不可。对于清朝的态度，钱穆和梁启超的差异最大。钱穆认为，不革命便无法推翻清王朝的部族政权。但是梁启超同意康有为的观点，把中国秦汉以来的传统政治看成为帝王专制，所以他们都寄希望于皇帝变法。

说到底，钱穆与梁启超的政见不合还在于他们对历史的态度上。梁启超曾经帮助康有为一起编著《新学伪经考》和《孔子改制考》，在其中贡献较多，而钱穆对历史的态度，则更加谨慎诚实。

从一个思想家的角度来看，梁启超的影响力绝对要高出钱穆；但是从一个史家的角度来看，两人的建树则是仁者见仁、智者见智。钱穆不是一个意气用事的人，就算他对梁启超的保皇做法不同意，但他老老实实地承认，"任公是打破今经文的第一人，也是近代新史学的奠基人"。钱穆的《国学概论》，就多采梁启超《清代学术概论》的大意，钱穆对梁启超还是肯定居多。只是从更高的要求来看梁启超，他没有达到使钱穆满意的标准罢了。对此，钱穆也不无体谅，他知道梁启超没有成为大史家，乃是因为他"社会活动太多，也就没有时间去研究那些学问，老老实实地作书了"。

## 胡适，"西化危险分子"

与钱穆同处一个时代的大学者，胡适推首。胡适原本非常赏识钱穆，并推荐学生向钱穆请教先秦诸子的学问，还将私藏"孤本"《求仁录》借给钱穆阅览研究。胡适的弟子傅斯年对钱穆也优礼有加，邀他到史语所，奉为上宾。

胡适的名"适"与字"适之"，取自当时盛行的达尔文学说"物竞天择，适者生存"典故，他提倡文学革命，自称"达尔文的斗犬"赫胥黎教他怎样怀疑，杜威教他怎样思想。胡适毕生宣扬自由主义，倡言"大胆的假设，小心的求证""言必有证"的治学方法，成为新文化运动的领袖之一。

1927年，三十三岁的钱穆转入苏州省立中学任教。此时年长他四岁的胡适正意气风发，名满天下，应邀到苏州女子师范、苏州中学作演讲。他去苏州的目的之一就是想见一见朋友推荐的钱穆。

当时的钱穆正遇到一个学术上的难题，此次能够拜见名满天下的胡适，钱穆便想顺带向胡适请教，但没有想到竟难住了胡适。以胡适当时的地位、身份，其尴尬可想而知。此后，胡适便说自己忘记带常用的刮胡刀，坚持要当天离开苏州。此后钱穆便很少和胡适在学术上进行交流了。钱穆对胡适的第一印象就成了"既不似中国往古之大师硕望，亦不似西方近代之学者专家"。胡适尺有所短的尴尬和钱穆寻觅知音的失望都促成了这段失败的会见。

钱穆与胡适两人的二次见面，已是在钱穆赴北平燕大任教时。钱穆与顾颉刚为讨论老子年代问题，赴胡适家。胡适沿袭清人的一种说法，认为老子年代早到春秋晚年，略早于孔子。钱穆则认为老子晚到战国，晚于孔子。钱穆似乎认为胡适的观点不值一驳。有一次，两人不期而遇。钱穆说："胡先生，《老子》成书的年代晚，证据确凿，你不要再坚持你的错误了！"胡适说："钱先生，你举出的证据还不能说服我；如果你能够说服我，我连自己的亲老子也可以不要！"

钱穆与胡适在学术问题上的争辩，尚属表面，钱穆不赞同胡适主张的"新文化"才是最本质的分歧。

钱穆对中国传统文化抱认同的态度，而胡适提倡"全盘西化""充分世界化"，代表了五四以来批判中国文化和提倡西化的主流派的观点。两人在这一点上，都互不让步，没有给彼此留下任何回旋的余地。

胡适说改良都不能体现进步的决心，如果真要进步，就必须毫不保留地接受西方文明。这个留洋归来的学者，没有给钱穆这样崇敬历史的人留一星半点的照顾。而"土生土长"的钱穆则认为，中国思想界"实病在一辈高级知识分子身上"，如"新文化运动，凡中国固有文化必遭排斥"，贻害深远，而胡适就是这种"高级知识分子"。

当年北大讲坛上最叫座的两位就是胡适和钱穆，钱穆称"大凡余在当时北大上课，几如登辩论场"。这种针锋相对的辩论式授课，也让钱穆最终选择离开。

不仅是在对待历史上，钱穆宁可"抱残守缺"，与胡适的"全盘西化"不同，在治学方法上，钱穆对胡适的"科学法"也颇有微词。

钱穆曾论中国近时史学大体可以分为三派：传统派、革新派（也可称为宣传派）和科学派。钱穆尤其讨嫌科学派，他说传统派下功夫记忆材料，即使于世无补但也已有益。但是以胡适为代表的科学派，则"震于'科学方法'之美名，往往割裂史实，为局部狭隘之追究，以活的人事换为死材料"。

## 章学诚，支持的同时还要反对

在讲黄宗羲和全祖望这两位学案方面的专家之时，钱穆特意提到了章学诚，并认为这个人非讲不可，因为他在讲学术史方面，贡献最大。

钱穆早年便接触了章学诚的作品。那时候要考学，《文史通义》是必读书，钱穆因此独自在章学诚的著作上花了很大的功夫。可以说章学诚对钱穆的影响最为显著，有后世人曾研究钱穆对章学诚学术思想的阐释。

首先，钱穆最佩服章学诚的一点便是他"不是站在史学的角度来看史学，而是站在整个学术史的角度来讲史学的"。这与钱穆所称赞的《文心雕龙》的作者刘勰一样，都具有一种难得的全局意识。

章学诚提倡"六经皆史"，也就是把古代的诗、书、礼、乐、易、春秋都当作史书来看待。他认为六经只是古代在古代政治上的一切作为所遗留下来的东西，并不是几部只讲义理的书。钱穆也认为，六经在古代，是衙门里掌管的一些文件。

之所以要大力倡导章学诚的六经皆史观点，这与当时的史学风气有关。当时，大家研究历史，就与现代政治、外交、国家、社会民生毫无关系，只在书本上来拼凑。章学诚反对这种不顾现实的学法，钱穆也持反对态度。

在对待历史的态度上，章学诚认为作文要"主敬"。所谓"敬"，就是态度要严肃，"论

跟着钱穆学历史

古必恕"，就是从事批评应该设身处地，知人论世，通情达理。这又与钱穆对历史的温情与敬意如出一辙。钱穆也提倡学生看待历史的时候，应该设身处地地从古人的角度来考虑，不能妄下断语。

章学诚在《文史通义·释通》中特别提出一个"通"字和所谓"专家之学"的"专"字。钱穆在治学上的扩散力，正是从专到通、由通返专，复由专再上下贯通的循环过程。章学诚说"学者不可无宗主，而必不可有门户"，这也被钱穆大力称道。钱穆自己力求博闻，但坚持不立门户。可以说钱穆很多学术上的行为，都是对章学诚观点的阐释。

当时钱穆所批评的人物，如刘知几、康有为、梁启超等，都是因为他们虽然有所专长，但是没有做到博通，因而见解不免浅薄或者偏激。

但是钱穆又并不完全认同章学诚的主张。

在《文史通义》中，章学诚讲中国史学上盛行的是《左传》与《史记》，按照年代和人物来写史，将来应该会发展《尚书》体，把事情作为主要叙述对象。道光以后，西方的历史书渐渐传到中国，与章学诚所说的按照事件来写历史果然一样，于是人们就觉得章学诚有先见之明，所以特别推崇章学诚是中国史学一大师。

在钱穆看来，从《尚书》演进到《春秋》《左传》，又到《史记》，这是中国史学上的大进步。并不能说中国的《春秋》

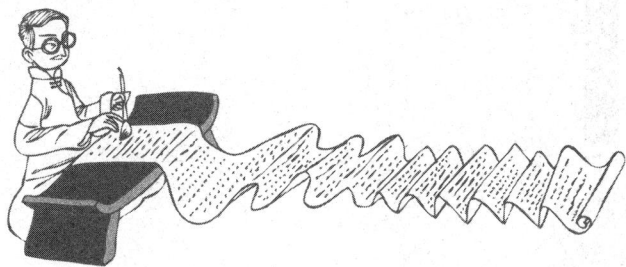

《左传》到《史记》都不如西方把事情作中心的历史体裁。时间也是需要人物来发生完成的，人还是历史的主体，章学诚的预见不一定准确。

另外，章学诚自称是"浙东学派"，传承了王阳明的史学观；称顾炎武是"浙西学派"。这一点钱穆也不同意。因为阳明学派下面没有讲史学的人了，章学诚的学问，应该是从《汉书·艺文志》和郑樵的《通志》中来。

钱穆有一个兄弟叫作钱文，人称"起八先生"，也是一个能做文章的才子。不过钱穆的聪明是用在规规矩矩的学术研究上，起八先生的聪明则用在"不正经"的地方——譬如跑书场，结交评弹艺人，替他们写弹词。一个属于"学者型"的才子，一个属于"风流型"的才子。之所以称他为"学者型"，便是因为钱穆读书用功、治学严谨。所以不管是名噪京师的大学者，还是已经作古的前辈，他从来都要从学术的角度去论一个究竟。

钱穆在著作的过程中评论了很多人，但是他都坚持在学术上着眼，可以说是君子之争。他曾批评闻一多，但是在闻一多遇难之后，钱穆是少数几个敢公开去吊念的学者之一。他不崇拜任何权威，但是他对历史的崇拜，却超过了任何人。在大家都批判历史的时候，只有他在大声辩护，在一派交响乐中拉着我们的二胡。

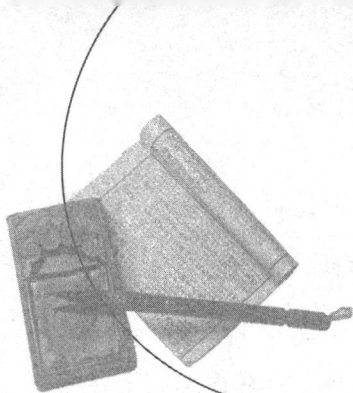

第五章 历史需要细看

正视我们视而不见的事实，会发现事实的重现让人震惊、兴奋、矛盾。原来历史上最好的地方制度出自汉朝，原来唐代的繁盛之下有巨大的隐患，原来宋朝的国防竟可怜到了只能种树的地步……原来，历史细看之下，有说不完的大文章。

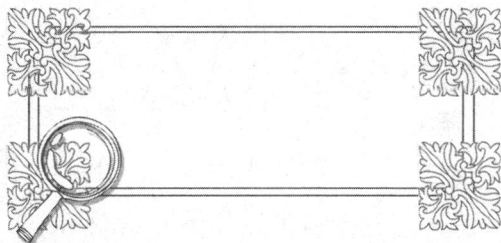

## 另一种形式的内阁

中国历史上正式有统一政府，严格来说要到秦汉。秦以前，只可说是一种封建的统一。小国家经济上独立，也以子孙相传。到了秦汉，中央方面才有一个更像样的统一政府，而所辖的各地

方，也不是诸侯列国并存，而是紧密隶属于中央的郡县制度的行政区分了。因此，讲中国传统政治，可以从秦汉讲起，而秦代只是汉代的开始，汉代大体是秦代的延续。所以钱穆将汉代作为中国政治史的开端。

秦以后，中国开始有一个统一政府，皇帝是这个组织里面的世袭领袖。为什么领袖要世袭，而不是像西方那样选举出来呢？钱穆将这个区别归因于中国的实际情况。

希腊、罗马国土小，人口少。希腊所在的半岛上，已包含有一百多个国家。他们所谓的国，仅是一个城市。每一个城市的人口，也不过几万。因此他们的领袖，可由市民选举。他们所谓人民的公意，是有条件的。罗马以后，向外征服形成帝国。但中央核心还是希腊城邦型的。

中国到秦、汉时，国家疆土已经和现在差不多。人口也达几千万。而且中国又是一个农业国，几千万个农村散布全国。这样的条件下，推行近代所谓的民选制度就遇到了操作上的困难。

皇位世袭，是中国已往政治条件上一种不得已或说 是一种自然的办法。而且从秦汉以后，封建制度早已被推翻。除了皇室一家世袭，政府里再没有第二个职位、第二个家庭可以照样承袭。

不过在那时，皇室和政府的关系问题开始凸现出来。皇室是不是等于政府？若把皇室和政府划开，这两边的职权又怎样分？钱穆的研究结果是，"拿历史大趋势来看，可说中国人一向意见，皇室和政府是应该分开的，而且也确实按照这个观点来演进的"。

皇帝是国家的唯一领袖，而实际政权则不在皇室而在政府。代表政府的是宰相。皇帝是国家的元首，象征国家的统一；宰相是政府的领袖，负政治上一切实际的责任。

说到这里，我们不得不先自问，对于钱穆的这段评说，我们能信几分。毕竟我们所受的教育是，中国从秦汉以来，都是封建政治，或说是皇帝专制。但是我们也要问一问自己，究竟读了多少历史材料，还是就看了一些历史题材的电视剧，便相信皇帝是高高在上、决定一切的权威。如果我们对历史的研究不够，不妨听一听钱穆的说法，毕竟他比我们更系统地研究过中国历史。

汉代当时，皇帝和宰相各有一个"秘书处"。皇帝的秘书是"六尚"：尚衣、尚食、尚冠、尚席、尚浴与尚书。前五尚只管皇帝私人饮食起居，尚书是管文书的。可以看到，汉代开始的尚书，其职权地位本不高，后来才逐渐变大。

由十三曹合成一个宰相直辖的办公厅，它的权力和管辖范围要比皇帝的尚书大得多。钱穆从这十三曹想见当时政务都要汇集

到宰相，而并不归属于皇帝，这是有道理的。因而可以说，宰相才是政府的真领袖。

"丞"在说文解字中是"副""贰"之意；"相"，也是副。正名定义，丞相就是一个副官，是皇帝的副官。皇帝实际上不能管理一切事务，所以由宰相来代理。而又叫作"宰相"，是因为"宰"象征封建贵族家庭最重要的祭祀。秦、汉统一，"化家为国"，皇帝的宰相也就变成了政治领袖。也正因如此，秦汉时代的宰相，既要管国家政务，还要管皇帝的家务。管不过来，就在御史大夫之下，设一个御史中丞，那时凡具"中"字的官，都是指住在皇宫的，来管理皇宫的一切事务的。这样说到底，皇室的一切事仍得由宰相管。皇帝有什么事，交代御史中丞，御史中丞报告御史大夫，御史大夫再转报宰相。宰相有什么事，也照这个手续，由御史大夫转中丞，再转入内廷。

九卿，指的是太常、光禄勋、卫尉、太仆、廷尉、大鸿胪、宗正、大司农、少府。他们的官位都是二千石（官秩等级，因所得俸禄以米谷为准，故以"石"称之），因他们都是中央政府里的二千石，又称中二千石，以区别于郡太守地方行政首长之也是二千石。

九卿当中最能体现皇权和相权的就是大司农和少府。这两卿都是管财政经济的，田赋收入是国家的大头，由大司农管，收入支销国家公费；工商业的税收，海盐、山矿，当时属于小头，由少府管，收入充当皇室私用，皇室不能用大司农的钱。当时的九卿还是

跟着钱穆学历史

114

皇帝的私臣，都隶属于宰相，而所管亦全是国家公事。

封建时代，以家为国，周天子是一个家，齐国也是一个家，鲁国又是一个家，这样的贵族家庭很多，天下为这许多家庭所分割。那时在大体上说，则只有家务，没有政务。秦汉以后，中国已经只剩了皇室一家，这一家为天下共同所戴，于是家务转变成政务了。原来宰相不过是家庭的管家，到秦汉则是政府的领袖了。

## 弹性皇权，理想照不进现实

钱穆坚持认为，从汉代的政府设置来说，皇权与相权是分开的，皇室和政府也是分开的，丞相代表的政府权力高于一切。但中国一向更看重不成文法，凡事不讲求具体，只要一个大概就行了。不像现代的西方国家，明文规定皇帝私人不能过问首相的事。这可以说是一种长处，因为可以随机应变，有伸缩余地。但也有坏处，万一碰着一个能干且有雄心的皇帝，好大喜功，宰相的权力便会被侵夺。

汉武帝雄才大略，宰相的空间便被大大压缩了。外朝的九卿，直接听令于内廷。这样一来，皇帝的私人秘书尚书的权力就大了。

汉武帝临死时，太子早夭，他要把皇位传给小儿子昭帝。于是先把昭帝的母亲处死，防止皇后摄政。

但幼帝还是需要人来辅佐的，以前皇室由宰相管，汉武帝连宰相的事都管了，宰相也就很难预闻到宫内事。于是武帝临死时，派霍光做了大司马大将军辅政。"帝年八岁，政事一决于光。"

霍光是皇家亲戚，有资格作为皇宫的代表人。但照理，宰相早就是皇帝的副官，现在武帝再跳开宰相，在皇宫里另设一个大司马大将军来帮皇帝的忙，如是就变成外有宰相、内有大司马大将军。这样一来，皇宫和朝廷就容易发生冲突。当时有外廷、内朝之分，外廷由宰相统治，大司马大将军霍光辅政，是内朝领袖。

昭帝死后，霍光立昌邑王做皇帝，没几天又废了昌邑王，另立汉宣帝。废立皇帝之时，霍光代表皇室召集九卿开会，有人说该请宰相参加。霍光说，这是皇帝家事，用不着丞相政府领袖参加，我们只议定请示皇太后就行了。

霍光的一番话，初看好像也有几分道理。他把皇位继承当作皇室私事，政府就不用过问了。但是皇室之存在，由于有皇帝；而皇帝之存在，由于有政府。所以皇位继承是政府事，并非皇室事。所以在高后四年，曾有一诏书，说皇帝久病不可管理天下，命群臣公议替代的新皇帝。吕后虽专权横肆，但并没说立皇帝的事情不要问朝廷。

皇帝世袭，是政府法理规定。若遇皇帝无嗣及其他变化，仍该按照政府意见公议决定。但这也是一种不成文法，所以霍光得以趁机下手。而且霍光虽然说着政府领袖不必预闻皇帝的事情，但是他仍要召集其他政府大僚来公议所立，霍光也是情有所怯，并不敢全违背当时的传统。

尚书原先只是皇帝的内廷秘书，内

廷诸职，隶属于御史中丞。现在皇室又另有一个代表人霍光，他不让外面的宰相知道皇室的事，却代表皇室来过问政府的事。这样一来，皇室的权力超越在政府之上，国家的命运可谓悬于一线。所以后来汉宣帝把霍氏权柄削减，恢复旧制，仍由御史中丞来管领尚书。这样又回到了御史中丞透过御史大夫，而达到宰相，内廷与外朝声气相通，大司马大将军便没有实权了，霍家也就没落了。

钱穆认为由此可推见，汉代的制度，在皇帝与宰相、皇室与政府之间，确实是有一番斟酌的。虽然没有硬性规定"皇帝绝对不许预闻政治"，但这也并不是大失措。而且若要皇帝决不预闻政府事，那宰相的任命便成问题。当时既不能有民选皇帝，也一时不能有代表民意的国会来监督政府，这是历史条件所限。于是皇室与政府、皇帝与宰相之间，不免发生许多微妙的关系。

汉武帝自己雄才大略，他独揽权政尚不要紧，但是他死后，须替后代小皇帝着想，于是设一位大司马大将军辅政，问题也就跟着出来了。汉宣帝以下，霍光虽然倒下了，结果仍有大司马大将军外戚辅政，内廷权重、外朝权轻，于是有王莽代汉而兴，王莽就是由大司马大将军而掌握大权的。到东汉光武帝，以史为鉴，因怕大权旁落，皇帝便自己亲自掌管朝政，于是尚书的地位又日渐加重。

东汉初年，光武帝索性把政权全操在自己手里，三公只是名位崇高而已，实权则在皇帝的秘书尚书手里了，所以后人批评光武帝有事无政。汉光武帝自身是一好皇帝，明帝、章帝也都好，然而只是人事好，没有立下好制度。这样一来，出一个好皇帝便好，出

了一个不中用的皇帝，没有一套坚固的政治组织来支撑政事，政治就没有了保障。

## 为官先做读书郎

汉代中央和地方的官员从哪里来？什么人才可以做宰相、御史大夫？这是中国政治制度上一个最主要的题目。在古代封建社会，一切世袭。天子之子做天子，公之子为公，卿之子为卿，大夫之子为大夫，血统来解决问题。但到秦汉，世袭制度已经不存在了，谁该从政，谁不该从政，成为新领导班子要解决的当务之急。

除却贵族世袭，首先想到军人政治。谁有兵权谁就掌政，汉代不然。其次想到富人政治，谁有财富谁便入仕，汉代又不然。到汉武帝以后，官员的选拔制度才趋于定型。

武帝时候已经有了太学，就像现在的国立大学。当时的国立大学只有一个，这里面的学生，考试毕业分甲乙两等，当时称科。甲科出身的为郎；乙科出身的为吏。郎官属于九卿中光禄勋下面的皇宫侍卫。一般来说，郎官都是二千石官的子侄后辈。他们在皇帝面前服务几年，等到政府需要人时，就在这里面挑选分派。这样，官职虽不是贵族世袭，但贵族集团也就是官僚集团，仕途仍然被贵族团体所垄断。

汉武帝时定制，太学毕业考试甲等的就得为郎，这样一来郎官里面便出现了许多知识分子，知识分子并不都是贵族子弟。考乙等的，回到其本乡地方政府充当吏职，也就是地方长官的掾属，辅佐地方官行政。

汉代地方长官太守、县令都需要由中央统一委派，但郡县的掾属，必须是本地人。譬如北京市的人，不能当北京市的市长；但北京市政府市长以下的一切官，也就是汉代所称的掾属，绝对要用北京本地人。长官决定谁来做他的掾属，这叫作"辟属"。三公、九卿、郡太守、县令，这些是由皇帝由中央政府任命的。宰相下面的十三曹，就由宰相自己辟用。此外各卫门首长以下，全是吏，全由各衙门首长自己任用。如果一个会稽郡的太学生考了乙等，他便回到会稽，指定由郡县政府试用，这所谓"补吏"。补郎与补吏，是太学生毕业后的待遇。

汉代的选举制度，历史上称之为"乡举里选"。另一种是定期的选举。汉代一向有诏令地方察举孝子廉吏的，但地方政府有时并不注意这件事，应选人也不踊跃。汉武帝时，曾下了一次诏书说：你们偌大一个郡，若说竟没有一个孝子一个廉吏可以察举到朝廷，那太说不过去。地方长官的职责，不仅在管理行政，还该替国家物色人才；若一年之内，连一个孝子一个廉吏都选不出，可见是没有尽到长官的责任。不举孝子廉吏的地方长官就要接受处罚，这一来，就无形中形成了一种有定期的选举。无论如何，每郡每年都要举出一个两个孝子廉吏来塞责。

汉代有一百多个郡，每年至少有两百多孝廉举上朝廷。这些人到了朝廷，不能像另一种选举方式举贤良方正，所选之人一般很快有好的位置，大都还是安插在皇宫里做一个郎官。这样一来，一

个太学生如果考试成了乙等，分发到地方政府充当吏属之后，他还有希望被察举到皇宫里做一个郎。待他在郎署上几年班，再分发出去。自从武帝以后，一年一举的郡国孝廉逐渐成形了。

钱穆专门为此算了一笔账：每年全国各地有两百多个孝廉进入郎署，十年就有两千个。从前皇宫里的郎官侍卫一共也只有两千左右。二三十年后，皇宫里的郎官，就全都变成郡国孝廉，而那些郡国孝廉又多半是由太学毕业生补吏出身的。慢慢皇帝的侍卫集团，无形中就全变成太学毕业的青年知识分子了。于是从武帝以后，汉代的做官人渐渐都是读书人。待分发任用的人才太多时，那些如贤良方正等无定期选举、特殊选举就搁下了，到了东汉，仕途只有孝廉察举的一条路了。

一开始察举分区进行，后来变成按照户口数比例分配。满二十万户的郡得察举一孝廉，孝廉成为一个参政资格的名称，原来孝子廉吏的原义便没有了。由郡国察举之后，中央再加上一番考试。这一制度，将教育、行政实习、选举与考试四项手续 融为一体。

## 土地，从国有走向了私有

一个国家的经济政策如何，可以从其赋税制度来看。战国时孟子说"什一而税，王者之政"，孟子以为交十分之一的税已是很好了。但汉代税额规定"十五税一"。实际上只要纳一半，也就是三十税一。一百石谷子，只要纳三石多一点的税。荀悦的《前汉纪》里面甚至说当时是实行百一之税的。在文帝时，曾全部免收田租，前

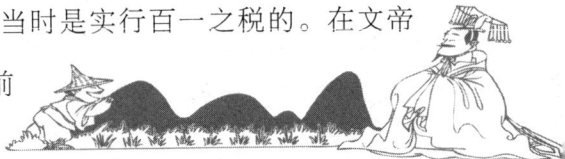

后历十一年之久。这是中国历史上仅有的一次。国疆土广，赋税再轻，供养一个政府也还是绰绰有余。然而汉代税制，有一个大毛病，就是对于土地政策采用自由主义。

政府只管按田收税，不管田地谁属，这样农民就私下买卖田地，自由买卖下的大地主，可以自由买进，也可以自由卖出。钱穆认为，正因为土地私有，才有了自由买卖，才开始有兼并，也才有贫者无立锥之地的境况。人均占有土地和耕者有其田两种观念的冲突，使土地租税问题一直得不到妥适解决。

再说全国土地，也并非都是耕地。一座山，一带树林，一个大湖，在封建时代，自然是贵族的财产。耕地开放了，散给农民，而非耕地则成为不开放的禁地。一开始政府防止非法牟利，待后防不胜防，索性把禁地即山林池泽也逐渐开放了，征收入禁区的人所获几分之几的实物，这是关税商税的萌芽。

秦汉统一政府出现，将非耕地纳为王室所有。所以当时凡农田租入归诸大司农，充当政府公费。而山海池泽之税则属少府，专供皇帝私用。

这种公私分税的制度，在开始时也颇合理。因耕地多，山林池泽的商税少。把大宗归国家，小数划归皇室，也还算过得去。但战国之后，盐铁之利逐渐庞大起来，山海池泽的税收逐步超过了全国的田租，这是政府没有料到的，就像清朝不知道海关的重要，交给外国人而吃了不少亏一样。

汉武帝干了几件大事，讨匈奴，通西域，花了很多钱，大司农那里所存的祖父、父亲朝代积攒的钱用完了，农民的田租是定额，不便轻易再变更。汉武帝就自掏腰包，把少府的金钱拿出来，这等于把皇室的私款拿来捐献给政府。武帝同时也命令地方上有钱的人，如盐铁商人，也自由乐捐。但是社会响应不佳，汉武帝的号召受到了冷遇。汉武帝不禁想：你们的钱，还不是都由我把山海池泽让给你们经营才能赚来的。现在我把少府收入都捐献给国家，而你们不响应，那我只有把全国的山海池泽一切非耕地也收还，由我让给政府来经营！这就是汉武帝时代有名的盐铁政策。

盐人人都要吃，铁家家都要用，而煮海成盐、开山出铁的权力在皇帝手里。汉武帝不让商人们擅自经营，把其所有权收回，政府委派人管理，利息收入全部归给政府，于是盐铁就变成国营与官卖。钱穆认为，这个制度很像近代西方德国人之所首先创始的国家社会主义的政策。但是我们远在汉代已经发明了这样的制度，直到清代。这一制度，也不专限于盐铁，如酒，属于奢侈享乐品，也归入官卖，不许民间自由酿造。

这一问题在当时也争辩得很久，到汉昭帝时还有一番热烈的讨论，全国各地民众代表和政府的财政主管在特别召集的会议席

上互相诘难，争得面红耳赤。有当时一位民众代表桓宽事后写了一篇感想，就是有名的《盐铁论》。

概括上述汉代的经济政策，钱穆认为汉政府对工商业是和近代人所提倡的节制资本相似，在对农民田租方面，也做到了轻徭薄赋，但没有平均地权。在汉武帝时，董仲舒曾主张限田政策，意在制定一个最高限度，使每一地主不能超过若干亩之限制，可惜的是连这个政策也并未能推行。王莽起来，把一切田亩尽归国有，称为皇田，重行分配。王莽当时的意想，是要恢复封建的井田制，但是结果却引生一次大变乱。王莽失败了，从此中国历史上的土地制度也不再有彻底的改革了。

## 二十三岁服兵役的用心

在西方，直到近代普鲁士王国在俾斯麦为相时迫于压力才实际普及的兵役制，我们在汉代早已实行。汉代规定，一个壮丁，到二十三岁才开始服兵役。

　　钱穆认为这个制度有一番用意。一个人二十才始成丁，可以独立耕种。对一个农民家庭来说，省吃俭用，"三年耕，有一年之蓄"。不指望年年丰收，平均三年中总会有一个荒年，来一个荒年，储蓄就完了。假如三年不荒的话，六年就该有二年的蓄粮，九年就该有三年的蓄粮。而农业社会，也绝对不会连熟九年，连荒三年的也很少。

　　一个壮丁二十岁从国家那里领到自己的田，独立谋生，但他也要为国家服兵役。如果国家在他二十岁的时候就征去，对家中妻儿来说，无疑是生存上的大难题。因此要顾及他的家庭负担。所以当时规定，从二十三岁起服兵役，就留下了三年的缓冲时间，照理他可以有一年储蓄来抽身为公家服役了。

　　钱穆评价说，这一制度，不仅是一种经济的考虑，实在是一种道德的决定。政治是文化中重要的机构，任何制度都不是无端产生的。汉初的公务员大部分由农村出身，他们知道民间疾苦，所以能订出这一法规。

　　汉代的国民兵役又分几种。一种是到中央做"卫"兵，一种是到边郡做"戍"卒，一种是在原地方服兵"役"。每一国民都

跟着钱穆学历史

会轮到这三种，只有第三种，从二十岁便开始了。

各地方壮丁轮流到中央做卫兵一年，汉代有两支中央军：称南军的是皇宫的卫队，称北军的是首都的卫戍部队。当卫兵的待遇很好，来回旅费由中央供给，初到和期满退役，皇帝备酒席款宴，平时穿的吃的，也不要卫兵们自己花钱。

当戍兵就不同，一切费用自己担负。但是戍兵的期限只有三天。这种制度沿袭的是封建时代的旧习惯。封建时代国家规模小，方百里便算大国了。由中央到边疆，最远也不过五十里。要到边疆戍守，只要半天路程。若在边三天，前后共不过五天就回来了。但是秦始皇帝统一天下以后还叫老百姓戍边三天。由会稽郡（今江苏浙江一带）到渔阳郡（今北京河北一带），虽然只需要服役三天，可是路途往返，就得半年以上，衣装粮食要自己带，这就很麻烦了。当年陈胜吴广的革命，"戍卒叫，函谷举"，便是由此而起。

到了汉代，戍边还只是三天，也可以不去，只要一天出一百个钱，三天三百钱，交给政府，由政府拿着这钱另雇一个肯去的人。这样一个愿打一个愿挨，也未尝不是办法。照理论，则人人该戍边三天，宰相的儿子也不能免。汉代曾有一个宰相，真让他的儿子亲到边疆去当了三天戍卒，便成为了历史上的佳话。

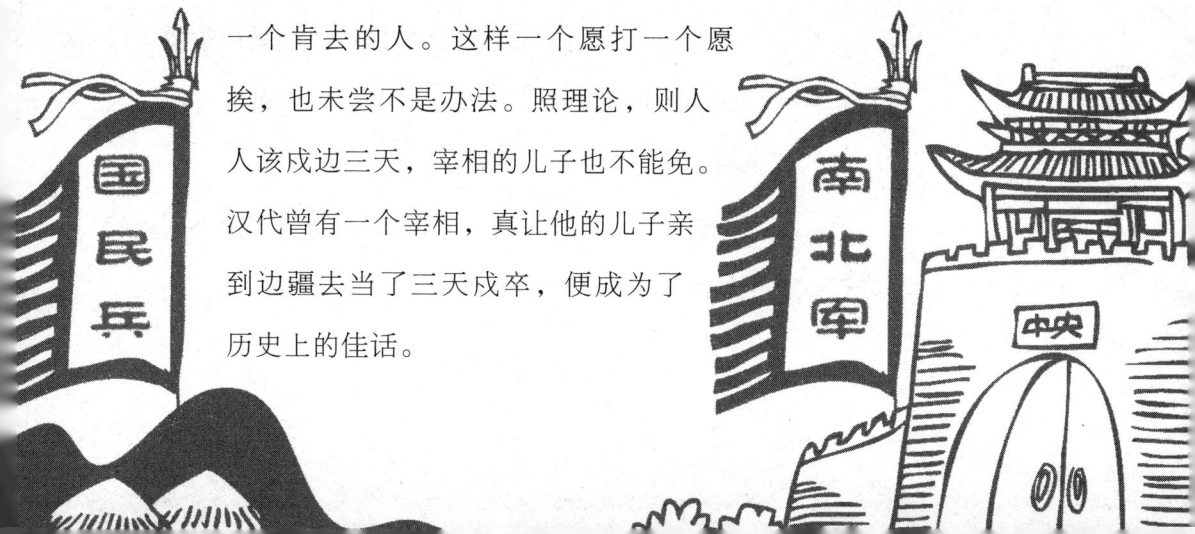

地方的军事首领是都尉。凡属壮丁，每年秋天都要集合操演一次，为期一月，这是一个大检阅。期满回乡。国家有事，临时召集，这就成为国民兵。各地方操练的内容并不一样，如车骑、楼船、步兵等。

南北军在中央，戍卒在边疆，地方上有国民兵，国家一旦有事，这三种军队都可以调用。

壮丁除了服兵役之外，还要服力役。力役是每个壮丁替国家做义务的劳工。如同现在要修飞机场、造公路，就召集民工一样的。只是古代是纯义务的。每人每年一个月，替国家义务做工，这在汉代唤作"更卒"。这样一来，一个农民既要到中央当卫兵，又要到边疆当戍卒，还要在地方上服国民兵役，这跑完一圈之后，还要做更役。如果不做更役，出两百个钱给政府也可。

除了兵役和力役外，每个国民还须缴纳人口税，连小孩子都有。

当时政府并没有为民众安排一个生活的基本保障，全国土地并不是平均分配的，也没有保障人人就业。但是却要国民人人向国家尽职责，如果遇到没有完成这种义务的，那便就是犯法，犯了法就得抓去，有的便因此充当官奴，被迫在各政府衙门里做苦工。有的人宁愿出卖自己，做私人家的奴隶。奴隶也须缴人口税，而且要加倍缴。但这由主人家负担的，不干奴隶自身事，因此汉代的奴隶特别多。

但是，汉代的奴隶制度和西方罗马帝国的农奴完全不同。罗马的农奴多半是战争得来的俘虏。

## 唐相：从领袖制到委员制

政府与皇室的职责划分，从汉以来就形成了，皇位世袭也没有大的变化，只是刘家换了李家。但就政府来说，还是有很大的变化，比如说"相权"的变化，以及由此引发出来的一系列政府格局的变化。钱穆说唐代政府和汉代之不同，在汉宰相是采用"领袖制"的，而唐代宰相则采用"委员制"。

汉代的宰相前面已经说过，由他一人来掌握皇宫内外的行政大权，遇有大的政事，皇帝宰相和其他廷臣也开个大会。而唐代则把汉代的相权分给了几个部门，由多人共同负责，凡事经各部门会议商定。汉代宰相掌握的是行政权，副宰相御史大夫掌握的是监察权，而唐代宰相共有三个衙门，当时称为"三省"：中书省，门下省，尚书省。这三省的职权加起来，才等于一个汉朝的宰相，监察权另外。

从字面上讲，中书有"中"字，依官名是在内廷管理文件的意思，主管叫作中书令；门下省主管叫作侍中，在宫中侍奉皇帝；尚书本是皇宫内廷秘书，主管叫作尚书令。这三个官，原先本都是在内廷的，到唐代，由内廷官一变而为外朝的执政官，和以前的性质完全不同了。唐官阶分为九品，一、二品官都是不负实际行政责任的元老，三品以下才是实际管事儿的官。中书令、

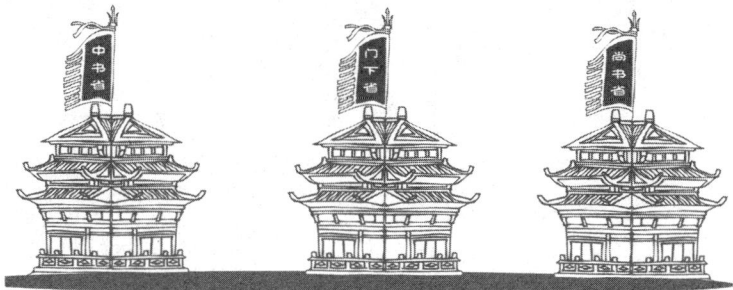

门下侍中、尚书令这三省的主管都是三品。

　　唐朝的一切政令，都有一个流水程序。首先是中书省发出政府的所有最高命令。所谓最高命令，是以皇帝的名义颁布的诏书，实际上这并不是皇帝写的，而由中书省拟定。在中书省，中书令为正长官外，中书侍郎为副长官，中书侍郎之下，还有七八名中书舍人。中书舍人官位不高，但中书发布的命令，多由他们拟撰。他们通常独立撰稿，然后再由中书令或中书侍郎选定一稿，补充修润，成为正式诏书，然后再呈送皇帝批阅，书上"敕"字，成为皇帝的命令，传达门下省。门下省的主管侍中及副长官侍郎，接获诏书后，首先要进行复核。在门下省侍中、侍郎之下，还有几个"给事中"。给事中官位不高，但参与讨论诏书。如果门下省不同意诏书上的意见，可以将原诏书批注送还，称为"涂归"。按照今天的话来说，门下省所掌的是一种副署权。每一命令都需要门下省副署，才能生效。中书定旨、门下复审手续完成后，最后送到尚书省执行，尚书省无权过问诏书的内容。

　　如果门下省将中书省拟的诏书涂归封还，那么皇帝画的"敕"就等于白画了。为了防止这种事情，唐朝便规定，遇到要下诏敕的稿子，先由门下省和中书省开联席会议，会

中书令

中书侍郎

中书舍人

门下省

给事中

唐朝的……称为"涂归"

议的场所称为"政事堂"。原先政事堂常在门下省，后来又改在中书省，玄宗时改名中书门下。会议时，中书门下两个部门的正副手都要出席，尚书省长官不出席。也因此在唐代，任中书门下的长官及副职并取得参加政事堂会议资格的，才称得上真宰相。

除三省的长官外，也有其他官员官位虽低而早负时望，有参知机务或同三品平章事等职衔的，也可以参与政事堂会议。这样的一个政事堂是国家的最高机构。但凡皇帝命令，在"敕"字之下，须政事堂会议正式通过，加盖"中书门下之印"，然后再送尚书省执行。没有"中书门下之印"，而由皇帝直接发出的命令，在当时认为是违法的，故说"不经凤阁鸾台，何得为敕"（中书省武则天改称凤阁，门下省武则天改称鸾台）。

参加政事堂会议的，多时有十几人，最少的时候只有两人，即中书令和门下侍中。开会时有一主席，称为"执笔"。由他综合记录，主席轮流充任。有时一人轮十天，有时一人轮一天。大家的意见，由他综合记录，最后决定文字。这是唐代宰相一职，钱穆说是"在采用委员制中的首席来代替领袖制的一种运用与安排"。

## "六部"，政治史上的一大进步

我们都知道唐代采用"三省六部制"，说完了"三省"，我们要接着看"六部"。

国家的一切最高政令，经政事堂会议决定后，便送到尚书省执行。尚书省是政府里最高行政机构，分为六部：吏部、户部、

礼部、兵部、刑部、工部。这项六部制度，从唐代传到清代末年，推行了一千多年，期间只有六部的次序略有改动，再无更大的变化。

**唐开始设六部时，顺序是吏、礼、兵、民（户部）、刑、工，唐太宗时改为吏、礼、民（户）、兵、刑、工，宋初的次序是吏、兵、刑、民（户）、工、礼，宋神宗王安石变法，其次序为吏、户、礼、兵、刑、工，这个次序遂为以后所沿袭。**

钱穆拿六部制度同汉代的九卿相比，认为六部已经有了很大进步。

唐代中央政府组织中最庞大的机构要数尚书省，总办公厅称作"都堂"，两旁为左右两厢，吏、户、礼三部在左，兵、刑、工三部在右。由左右仆射分领。每个部又分四司，六部共二十四司。每部的第一司为本司，如吏部第一司为吏部司；其余各司另有名称。尚书省六部的主管上午在都堂集体办公，下午各归各的本部办公。如有兼职"参知机务"或"同平章事"的，可以去政事堂出席最高政事会议。

吏部主管文职官员，官员的品级和选择、政绩的考核迁贬以及封授策赏的典礼，都由吏部负责。唐朝时候，五品以上的官员由宰相任命，吏部可以提名，五品以下的官员就全由吏部来调度。吏部的四司，明清为文选清吏司、验封司、稽勋司和考功司。如果要复名复姓，就需要稽勋司来办理。

户部掌全国疆土、田地、户籍、赋税、俸禄及一切财政事宜，属于肥差。内部办理政务按地区分

跟着钱穆学历史

工而设司，明十三司：河南、山东、山西、陕西、浙江、江西、湖广、广东、广西、四川、福建、云南、贵州。清增江南司，为十四司。各司除管理考核本省的钱粮外，兼管其他衙门的部分庶务。清还设有专管八旗事务的户部机构。管理铸钱的钱法堂和宝泉局、管理库藏的户部三库、掌仓储及漕务的仓场衙门这些都属于户部。

礼部负责典礼事务和教育方面。吉、嘉、军、宾、凶五礼之用，全国学校事务及科举考试，藩属和外国之往来都是礼部的事情。明清的礼部下属四司相同，科举考试属于其中的仪制清吏司来管。四司之外，清设有铸印局，负责铸造皇帝宝印和内外官员印信。接待藩属和外宾、翻译等事由礼部下的会同四译馆负责。

兵部职掌全国军卫、武官选授、简练之政令。其中，武官的品级考核与选补、升调、承袭、封赠诸事，与文官不在一个系统。文官由吏部管，武官由兵部管。清代全国的邮政事业也属于兵部。

刑部主管全国刑罚政令、审核刑名，与明清时期的都察院管稽察、大理寺掌重大案件的最后审理和复核，共为"三法司制"。刑部审定各种法律，复核各地的刑名案件，凡是死刑都要经过刑部。刑部的内部组织机构也是按省设司，明为十三司，名称与户部诸司同。清增加直隶、奉天、江苏、安徽四司。清代更加具体：督捕旗人逃亡有督捕司，考核秋审、朝审各案有秋审处，遇到赦减有减等处，管理狱卒、稽

察南北所监狱的罪犯、发放囚衣、囚粮及药物的有提牢厅，审理中的案件所涉及的赃款、本部现银和堂印的是赃罚库，修订法律有律例馆。

工部为管理全国工程事务的机关。但凡全国的土木、水利工程；机器制造工程，包括军器、军火、军用器物等；矿冶、纺织等官办工业；一部分金融货币和统一度量衡，都是工部分内的事情。

宋承唐制，设三省六部。但北宋前期，三省六部的主要职权都转移到了其他机构，三省六部的长官也都只作为寄禄官衔，并没有什么实际的权力，三省六部制名存实亡。宋神宗时期，王安石变法，力图恢复唐初的三省六部规模。变法失败后，改为三省共同议事，南宋时干脆三省合一，六部的二十四司也被省并。辽代南面官系统中，设三省六部同于宋制。金、元、明只设一省六部。明洪武十三年（1380年），中书省的权力归于六部，从此，六部取代了三省六部制。光绪二十七年（1901年），清政府改总理各国事务衙门为外务部，这是六部之外增设新部之始。光绪二十九年（1903年）又增设商部。光绪三十一年（1905年）再增设学部及巡警部。六部之制逐渐变化。

钱穆大力肯定六部制度，主要就是因为其中体现了古代人的政治才干。如此分工明确、相互协调，在西方是近代才有的事情，但是在我国唐朝就已经开始了，不能不说是我们中国人的骄傲。

## 藩镇：大国的肿瘤

唐代的政治，逐渐内重而外轻，虽然中央大臣比汉朝要更像样些，但地方长官没有汉朝做得好。

唐最低一级与汉代一样为"县"，玄宗时，全国有一千五百七十三个县，比汉代多两百多。唐县分上、中、下三等，六千户以上为上县，六千户以下三千户以上为中县，三千户以下为下县。汉县仅分两级，万户以上为大县，其主管称令；万户以下为二级县，其主管称长。唐代的县比汉县小。县以上为"州"，与汉"郡"基本上同级，刺史是地方高级行政首长。唐代的州也分上、中、下三级，十万户以上为上州，二万户以上为中州，二万户以下为下州。汉郡户口在百万以上的不少，可见唐代地方长官的职权比重，比汉代差逊甚远。

汉代地方长官对自己的掾属还有任用权，但到了唐代全集中于中央吏部。唐朝把州县多分级次，由下到中，由中到上，但是升了几级等于没升。不像汉代官阶上下相隔不甚远，升转灵活。由县令升郡太守，便是二千石，和中央九卿地位同等。汉制三年考绩一次，三考始定黜陟，人事变动不大，行政效率也较高。唐代迁调虽速，但下级轻易不会升迁到上级去。于是在官品中渐分高低，影响行政效力。

汉代丞相为政府最高首领，副丞相即御史大夫，主管监察。御史大夫职权，不仅监察中央及地方政府，同时并监察及皇宫之内。唐代设御史台，所谓三省六部一台，御史台成为一个独立之机构，监察权脱离相权而独立了。

唐中宗后，御史台分左右御史，左御史监察朝廷中央政府，右御史监察州县地方政府。监察中央的称为"分察"，监察地方的称为"分巡"。德宗时，尚书六部每两部各设御史监察一人，即分察。当时全国为十道，派去监察的御史，称为监察使，最后称为观察使，即分巡。这些到地方上的人，名义上是巡察使，是中央官，实际上则常年停驻地方，成为地方上更高一级的长官。

比如今天教育部派督学一类的官职到某区域去视察大学，这个督学的地位并不比校长大。他的职务，仅在大学范围内就指定项目加以视察。但唐代则犹如教育部派督学在外，停驻到了大学里，该地区各大学的校长，都要受其指挥，这无疑是降低了各大学校长的地位。

钱穆认为，唐代监察使，压抑了府县地方官。本来只有二级的地方行政，而后来却变成三级。假使监察使巡视边疆，在边防重地停驻下来，中央要他对地方事务随宜应付，临时得以全权支

配，这即成为节度使。节度使在他监管的地域内，可以指挥军事、管理财政、留用人才，于是便形成"藩镇"。而且唐代边疆节度使逐渐重用武人，便形成军人割据。

唐玄宗在位时期，一共设立了九个节度使和一个经略使。北方诸道权力更加集中，经常一人兼任两三镇节度使，安禄山就是凭借身兼范阳、平卢、河东三镇节度使而发动叛乱的。

安史之乱后，割据局面更加强大，起先是想中央集权，由中央派大吏到外面去，剥夺地方官职权。而结果却是有的中央派去的全权人吏，在剥夺地方职权之后，回头来反咬中央一口，最后终至唐朝灭亡。同样的情况也发生在清朝。清代地方最高长官本为布政使，但又有总督、巡抚，长期驻扎地方，其权力压在布政使上面，导致中央集权、地方无权。而到后来巡抚、总督不受中央节制，中央也便解体了。

对于这种现象，钱穆认为，中国土广民众，必须统一，但是不宜于过分中央集权。如果地方没有了权力，往往会让中央养虎为患，形成藩镇这样的"肿瘤"，最终葬送一个大国。

## 租庸调到两税法： 经济从计划到自由

唐代的田赋制度称为"租""庸""调"。"租"是配给人民以耕地，到了一定的年限仍缴还政府。在授田时期，向政府缴纳租额。唐代的租额，则仅为四十税一，比汉代三十取一更为优惠。"庸"即是义务劳役。唐制每人每年服役二十天，比汉代每人每年服役三十天又减轻了。"调"就是各地将当地的土产贡献给中央，大体上只征收丝麻织物。

虽然租庸调制大体比汉代定额更轻，说得上是一种轻徭薄赋的制度。然而这一制度，从北魏时起就难以维持。钱穆认为这主要是因大门第豪族拥有大量土地。另外租庸调制要推行，还要靠整顿账籍。有多少人口、多少成年要受领田地，这些都需要政府做大量的统计工作。某一家的年老者已经过了六十，但是他的名字没有销去，或者小孩子长大了，没有添列新丁。这些偷懒马虎是难免的。然而这些小小的疏漏，便是此后租庸调制失败的最大原因。

租庸调制，其用意近似现代的计划经济。这要照顾到、计划到全国每个家庭、每个壮丁。近代交通方便，消息传递也灵活多了，印刷容易，统计科学，但是都感到计划起来有困难，古代就更不用说了。户口登记逐渐错乱，租庸调制就无法推行了。迫不得已，改成了两税制。

　　唐代的两税制是当时掌理财务的大臣杨炎在唐德宗建中元年（780年）提出的，一年分夏秋两次收税，故称两税，这制度一直沿袭到现在。

　　两税法与租庸调制最大的不同之处在于，两税制不论户籍，以居住地收取。这样一个人想从湖北搬到北京，也就自由了。另外，政府根据实际有的田亩收租，先前的庸和调这些也不要了。政府不再授田，民间允许自由兼并，一直到清代都是如此。

　　但是两税法也有弊端，租庸调制三个项目各有用意，分得很清楚，两税法归并在一起，虽说手续简单，但后来人们就渐渐把原来税收的来历忘了，遇到政府要用钱用人，不免产生乱收费的现象，这是税收项目不分明的弊端。更重要的弊端在规定租额方面。

　　历来全国各地租额，由政府规定，向来是一律平均的。但两税制便把这一传统废弃了，这也就导致钱穆所说的政府对下一年的经济没有规划，不知道会有多少税收。以前是定制税额，财政上也好量入为出，但两税制之规定田租额，则像是量出为入。两税法的税率是根据上一年来的，其中省略了很多手续，就变成了一种硬性规定，随地摊派，而不再有全国一致的租额和税率了。

　　如果某一地户口减少了，垦地荒旷了，但政府则还是把硬性规定下来的征收额平均摊派到现有的垦地和家宅上。分母变小了，但是分子多了很多，各家的负担也就大了。由五家来摊分十家的负担，这岂不凭空增加了他们一倍的租额吗？于是穷者愈穷，只有继续逃亡，到最后谁也留不下，

卖钱交税。

只得都逃亡了。逃户迁到富乡，富乡的户口增添，垦地也多辟了。但那一乡的税额也已硬性规定下，于是分摊得比较更轻了。

明代两税制，规定不收米谷而改收货币，因此农民必得拿米粮卖出，换了钱来纳税。如是则商人可以上下其手，而农民损失很大。比如一个蚕农交两匹布很容易，但是要他交一百个钱，就要卖掉不止两匹布，商人从中获利，农民的劳动更减价了。

钱穆认为，从租庸调到两税法，最大的损失是政府为了方便管理，牺牲了传统相沿的土地平均分配的经济理想，失却为民制产的精神。这直接引起土地兼并、贫富不平等，耕者不能有其田，而奖励了地主的剥削。

汉代自武帝创行盐铁政策，从经济上层保证不让民间过富，政府却并未注意到下层贫穷。虽然汉代田租很轻，但穷人还是很多，甚至被逼得出卖为奴。而唐代前期的经济政策，保证不让民间有穷人。政府并不设一个富的极限，商业自由，不收税。而每一穷人，政府都设法授田，使其可以享受水准以上的生活。待成两税制，茶盐各项也都一一收税，便又回到了汉代。

## 安史之乱坏在胡兵

安史之乱后，唐朝的国情急转直下，由盛转衰，从此艰难度日。而安史之乱的出现，与唐朝的兵役制度是分不开的。

唐以前，中国兵役制度是兵农合一的，经济与国防武装紧密联系。汉代的兵农合

跟着钱穆学历史

一，是寓兵于农、全农皆兵，生产集团同时也是武装集团。而唐代的兵农合一，则是寓农于兵，在武装集团里寄托生产，武装团体是主体。所以是全兵皆农。把武装集团变成生产集团，每个军人都要种田，却并不是要每个种田人都当兵。这一制度，由北周苏绰始创，很适合中国国家大、户口多，不需要全农皆兵的国情。全兵皆农，不是军人坐食国家的饷粮，他们自食其力，在当时称为府兵。

军属可免租庸调，这是成为府兵的优待政策。但此外一切随身武装，则是军人自办。这样的人家集合上一千二百家，便成一个军区。府的数目，时多时少。唐代全国共有六百个到八百个府。假定这八百个府都是中府规模，全国便有八十万军队，最少也有四十万。这八百个府的三分之一，分配在中央政府附近，即函谷关以西、长安附近地区。其余三分之二，便分布在全国，山西和边疆又比较多一些。其他地区有一州只有一府的，或一州并

无一府的。

钱穆认为最妙的是，这几十万的军队，不要国家一文钱、一粒米，因为他们自己有田有地。他们可以一面保卫国家，一面还自立生产。

府兵从二十岁才开始服役，每个府兵到中央首都宿卫一年，叫作上番，此外都在本府，农隙操练，农忙则停。若遇国家有事，则全国各府均可抽调。至于军官，则来自十六个卫的大将军。有事打仗，就由大将军统领出征。待战事结束，兵归于府，将归于卫。唐代养兵，既不花一文钱，不费一粒米，而养将，也不使预问政事。除却战事外，也不统带军队。武官立功，以勋名奖励。《木兰辞》所谓"策勋十二转"，勋位也是一级一级升上的，这不是升官，而是升勋。武官有勋无职，因此并不干预政治，而自有其尊荣。最高的在朝做大将军，多数还是回家种田。唐代就根据这个府兵制度来统治全国，同时向外发展，变成当时全世界第一个强大的国家。

但是后来却爆发了安史之乱这样的惨剧，这是在哪一环上出了问题呢？

一方面，武将的荣誉地位没有了。因为武将勋位并不能保障他们，政府要员有时还要派他去服力役、给差唤，勋位不为荣而转为辱。武官的勋名被人看不起，军人的地位也就降低了。

另一方面，政府刻意开边，开边需要防戍边疆的军队。这样一来，本来可以复员的人，又要去戍边，交替轮番地补送出去，第一批要想复员也复不成。那些原本家庭殷实的府兵自带的绢匹财物，都交给边防管理员，存放在储藏室。管理员故意叫士兵们做苦工，处处折磨，希望他们死了可以谋得存放的财物。杜甫诗说："或从十五北防河，便至四十西营田。去时里正与裹头，归来头白还戍边。"这就是说军队没有复员也没有休息了。于是府兵怕到边疆，在本府先自逃亡。出外不返的，也没有后代了。后方兵源枯竭，政府有钱有势不在乎，就临时出资请胡人当兵，就这样，慢慢边疆上逐渐都变成了胡兵。

安禄山、史思明，是唐的边疆大吏，身上本来有国防重任，安禄山的父亲是胡人，母亲是突厥人。平安史之乱的李光弼，与郭子仪齐名，其实李光弼也是胡人出身，钱穆分析认为，唐代唐太宗已被称为天可汗，四方少数民族政权都成了"天可汗"的下属，这便让他们忘记了民族界线，大量使用外族人当兵作将，结果才弄得不可收拾。于是唐代的府兵变成了藩镇，军阀割据，胡族临制，一个帝国也就坍塌了。

从魏晋至隋唐，北方少数民族亦即史称的胡人的确极大地影响了中国历史的进程，但在华夷之辨思想浓厚的钱穆看来，这种影响基本都是负面的。关于这方面，希望读者辩证地看。

## 极顶可怜的宋朝

钱穆在讲宋朝时，多次用到了一个形容词：极顶可怜。这个既口语化又富有深厚情感的形容词里面，包含着钱穆对宋朝的同

情和理解。而这一"极顶可怜"的最大表现，就是宋朝极顶可怜的国防。

　　"宋代兵制算是中国历史上最坏的兵制了"，追根溯源，这最坏的兵制也有因缘来历。唐末五代时，兵乱频仍，藩镇骄横，当时社会上几乎没有读书人了，人人当兵自保。后来军队中都是老弱残兵，不能上阵打仗，便像罪犯一般被当作劳役使唤。为了防止逃兵，朝廷规定在当兵的脸上刺花字，称为配军，《水浒传》里的宋江、武松一类人，脸上都有刺字，送到某地方军营中当兵做苦工，被人家骂作贼配军。

　　其实这些军队，在汉是更役，在唐则是庸。宋代的役，在汉代是地方自治的力量。这种不合理的转变，积重难返，宋太祖也只能在这种军队中挑选一批精壮的，另外成为禁军。禁军的挑选，身高体重都有规定，各地方合这标准的，就送中央当禁军。不合这标准的，留在地方做厢军。这些兵并不上阵打仗，只在地方当杂差。

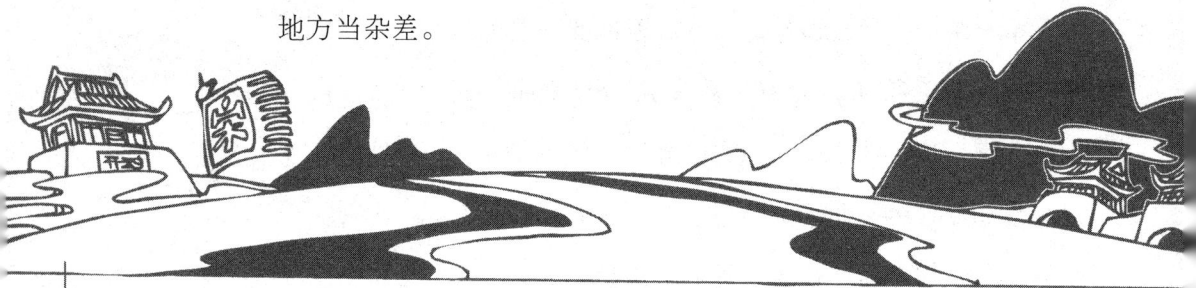

　　宋代得天下时，并未能真正统一全国，大敌辽国先宋五十多年就已立国，燕云十六州，早被五代后晋甘当辽国"儿皇帝"的石敬瑭割赠辽人。当时今天辽宁乃及山西、河北、北京的一部分疆土，都在辽人手里。北方已经没有了什么屏障，宋代建都一马平川的开封，豁露在黄河边上。太行山以东又是个大平原，骑兵从南下只要三几天就可到黄河边。一渡黄河，开封便难保。"所以宋代立国是没有国防的"，钱穆说。

钱穆假设宋朝若建都洛阳，还勉强有险可守，若向西建都长安，那当然更好。但宋太祖偏要建都开封，这其中也有他的苦衷。因为当时国防线残破，燕云失地未复，他不得不养兵。养兵要的军粮，要全靠长江流域给养。古代所谓中原地带，在唐末五代残破不堪，经济全赖南方支持。从隋炀帝以来的通济渠运粮到了开封，再往洛阳运，水路不通，陆路更艰难。因为没有力量把军粮再运洛阳去，要节省一点粮运费用，所以迁就建都在开封。宋太祖也曾说将来国都是要西迁的。

如果宋初先打黄河北岸，把北汉及辽拿下，长江流域就可不打自下。不过这个政策很危险，一旦打了败仗，连退路都没有。于是宋太祖先平了南方，却把最艰难的事情留给后人做。宋太祖将皇位传给他的弟弟赵匡义，为宋太宗。太宗继位，曾两次征辽，但都打了败仗。宋代开国形势如此，以后不能裁兵，不能复员，为保国本，也不敢和辽国再战。在这种情形下，宋代就变成养兵而不能打仗、明知不能打仗而又不得不养兵的国情。

另一方面，陈桥兵变之后的宋朝，也使太祖竭力提倡文治，不重视用兵。宋人只想把军队用来抵御外患，不想再蹈唐末五代覆辙。因此养兵而不得兵之用，愈养愈多。《水浒传》说林冲是八十三万禁军教头，实际上太祖开国时只有二十万军队，太宗时有六十六万，到仁宗时已经有了一百二十五万。所以王安石变法，便要着手裁兵。但民兵制度，还没有推行到全国，又有了

保甲制。保甲就是把农民就地训练，希望临时需要，可以编成军队，又可免除养兵之费。

宋政府加意褒奖文人，但是又不敢怠慢了武官。文武都要国家养，导致一方面是冗兵，一方面是冗吏，国家负担一年重过一年，弱了转贫，贫了更转弱，宋代政府再也扭不转这形势来。这是内忧。

宋代最大的缺憾，就是没有国防资源。按照我国的地形，在北方作战一定得要骑兵。对付北方塞外敌人，更非骑兵不可。而骑兵所需的马匹，一定要产自高寒之地。养马又不能一匹一匹分散养，要在长山大谷，有美草，有甘泉，有旷地，才能成群养，才能为骑兵出塞长途追击之用。在中国只有两个地方出产这样的战马，一是所谓蓟北之野，即今山西、河北一带，一是甘肃河西、宁夏河套一带。而这两个出好马的地方，在宋初开国时，正好一个被辽拿去，一个被西夏拿去，都不在宋人手里。另外精良的铁矿，也都在东北塞外。

王安石行新法，一面想训练保甲，一面又注意到养马。但是马在温湿地带饲养不易，很容易生病死亡，马死了要赔钱，于是农民把养马看作苦事。钱穆叹息说，其实这一方法，纵使推行有效，遇到战事，也只是一群羸弱之马，未必有用。

自居庸关到山海关一带，都在辽人手里，一旦辽人向南冲进来，宋哪里有还手之力？真宗时的澶渊之盟，就是这种形势下的无奈之举。宋辽两国讲和，宋这边不好正式布置边防。于是奖励民间种水田，多开渠道，鼓励在渠旁多植榆树杨树。这样的用

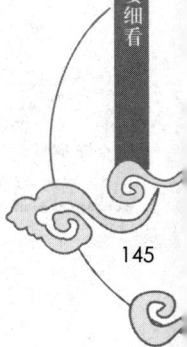

意，是想到万一打仗，可以做障碍，稍稍抵御辽人的大队骑兵。"这真是极顶可怜的办法"，可惜辽人也懂得，还是时时不许宋国开沟渠、种水田。冬令时又放队四处掠夺，边境农村成了一片废墟，宋永久不能有沿边的防御线，只好保持和议。

宋朝有名的杨家将杨老令公、杨六郎等守御的一条线，算是宋朝唯一的一条边防了。不过主要的范围还是在河北。连涿州附近的拒马河，都成了一条可怜的国防线。进不可攻，退不可守，兵无用而不能不要兵，宋代的国防如此，"尚何言哉？"幸而宋代人还是比较重视读书人，文治方面复兴，内部没有出什么大毛病。

## 宋臣：过分谦卑反不自重

宋代也有三省，但只有中书省在皇宫里，称政事堂，门下、尚书都移在皇宫外了。中书省又和晚唐五代传下的管军事的机构枢密院同称两府。中书则为丞相，地位独重，但是管不着军事。

宋朝的用人，不是通过宰相下面的吏部，而是另设一个考课院。考课后来改名审官院，后来分东、西两院，东院主文选，西院主武选。又别置三班院，来铨衡内廷供奉和殿直官。这样宰相便没有一点用人的权力。这是宋初皇室蓄意要减夺中书宰相职权而添设的。

宋代相权低落，必然也就有君权的提升。

君权的提升，本来是当时的大臣不得已而为。虽然情有可原，但是钱穆说，这是当时大臣不知大体，又兼之一种心理上的自卑感，才至于如此。假设是在唐代，出自门第传统的人决不会如此。或者是西汉初年那些从山里来的"泥腿子"，也不会如此。"那是晚唐五代，进士轻薄传下的一辈小家样的读书人，才如此做。"

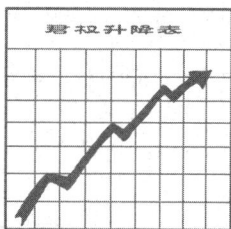

事情久了之后，原本的意义便没有了，如同当年的两税法忘了为民制产的本意一样，后人便只见皇帝的尊严与宰相的卑微了。也可以说是从此以后，那些影视剧中诚惶诚恐的"微臣"便真正出场了。

为了避嫌、推尊皇帝的威仪，遇政府定旨出命，先写一个劄子，提出几项意见，拟成几条办法，送由皇帝决定。然后宰相再照皇帝意见正式拟旨。这样一来，宰相不再定旨出命的定稿，这与唐代宰相之熟

拟相差就很大。皇帝诏书在唐代归宰相中书省拟定，中书熟拟送呈皇帝，皇帝只亲览了在纸尾批几句，盖个章，便可拿到尚书省奉行。其实是宰相出旨，只求皇帝表示同意就行。而宋代的皇帝就不仅有同意权，还有参加意见的权力了。宰相不过是奉命行事。

但是这也不是说中国传统政治只是独裁与专制。宋太祖时，遇某官出缺，他叫宰相赵普拟名，赵普拟了一个名后交给太祖，恰好这人是太祖平时最讨厌的，他愤然说，"这不行"，就把纸撕了，扔在地上。赵普不做声，把地上废纸捡起来藏了。过一两天，太祖又要赵普拟，赵普又把糨糊粘成的纸送上。太祖问："怎么还是他？"赵普答道，暂时无别人合适。太祖也悟了，点头说："既如此，就照你意见吧！"

对这个故事，钱穆说赵普到底还有一些宰相大臣的传统风度。但实际上，赵普并不是一个道地读书人，只因宋太祖信赖他，同时也并无其他像样人物，他才做了宰相。在他做了宰相以后，太祖还时时告诫他，说你做了宰相，该抽空读书，所以他才读《论语》。后来人却说赵普以半部《论语》治天下，大概指他读《论语》，也没有好好仔细读。然而赵普却已是宋代开国的一位贤相。这并不是赵普个人如何杰出，只是一个传统的历史习惯该如此，当如此，而赵普也如此了。

宋代制度之缺点，在散与弱，不在专与暴。直到南宋宁宗时，都要亡国了，皇帝的御札，还激起朝臣愤慨，说事不出中书是为乱政。可见宋代相权，还有一定传统客观的地位，并不是绝对就皇帝独裁了。

## 谏官：政治上的一种技术

历史上有名的谏官诤臣，首推贞观之初的魏徵。"以铜为镜，可以正衣冠；以史为镜，可以知兴替；以人为镜，可以明得失。"魏徵成就了一代明君唐太宗，但是魏徵死后，先是他推荐的人受到处罚，继而是没了公主儿媳妇，甚至被砸墓。种种境遇，又让人不得不感叹做谏官是一种政治技术。

唐朝时候，皇帝朝见文武百官散朝后，门下省的谏官们便要参与皇帝和宰相的讨论。钱穆说，这是因为宰相有时候有不便同皇帝直接讲的话，可让这些小官讲出来。万一皇帝生气，也无法直接对宰相。谏官讲得对固然好，讲错了也无妨大体。人微言轻，阶位不高，顾虑也就少一些。有他们随从在宰相身旁，宰相可免同皇帝直接冲突，这是政治上的一种技术问题。

皇帝用宰相，宰相用谏官，谏官的职责是专门谏诤皇帝的过失，有同于御史大夫监察政府百官，谏官只盯着皇帝就行了。若把谏官也看作是监察官，则中国历史上的监察官可分为台、谏两种。

台是指的御史台，是天子的耳目，谏官则是宰相的唇舌。唐代的宰相手里已经没有御史监察权了，但谏诤权则仍在宰相手上。到宋代这一制度又变了。谏官不直接属于宰相了，也不准由宰相任用，于是台官谏官都成

跟着钱穆学历史

了皇帝的亲信了。

宋代在御史台的基础上，新设谏院，并独立于前者。本来谏官是设来要求天子的，现在谏官脱离了门下省，不隶属于宰相。又是由皇帝所亲擢，于是谏官遂转成并不为紧盯着天子，反过来束缚宰相。谏院这种官署就成了与政府对立的势力。

谏官本是以言为职，讲错话转是不要紧，但是不讲话就是失职。这些谏官阶位低、权柄小，只是些清望之官。他们讲错话免了职，声望反而更高，更有升迁的机会。所以他们便和宰相唱反调，宰相说东，他们便说西，总爱对政府表示异见，以示自己尽职。这一来，谏院就成了一个只发空论不负实责的反对机关。他们尽爱发表反对政府的言论，又没有章法约束。钱穆认为，就像在野党反对执政党一样，凡是执政党的政策，他们总能说出个一二三点不好来，而政府不能老不理他们的意见。

王安石的变法失败，谏官有很大的"功劳"。宋神宗一意信任王安石，要他来变法，然而谏官与宰相互相对垒，势如水火。当时的谏官，不像现代西方的所谓反对党，是分散的、孤立的。他们的立场，好像是专在主持公议，并非为反对政府。在道义的立场上，比近代西方的反对党更有力。宰相不听他们的话，他们就辞职，辞职了名更大。另一人上来，还是依照前一人的主张，继续反对。

从宋代始，便有了这种清议的风气。谏官台官渐渐变成不分。台官监察的对象是政府，谏官诤议的对象还是政府，而把皇帝放在一旁，变成没人管。做宰相的

既要对付皇帝，又要对付台谏，可以说是难以施展拳脚的。到后来，谏官锋芒太凶，闹得太意气，成了无聊的攻讦，社会和政府中人都讨厌谏官，不予理会，谏官才失势。但是权相奸臣又从此出了头。

## 欲变学究为秀才，却转秀才为学究

宋代用人也需要通过考试来选拔，考试制度大体沿袭唐代，只是在细节上进行了小修小补。但宋代科举的影响，却与唐代不同。

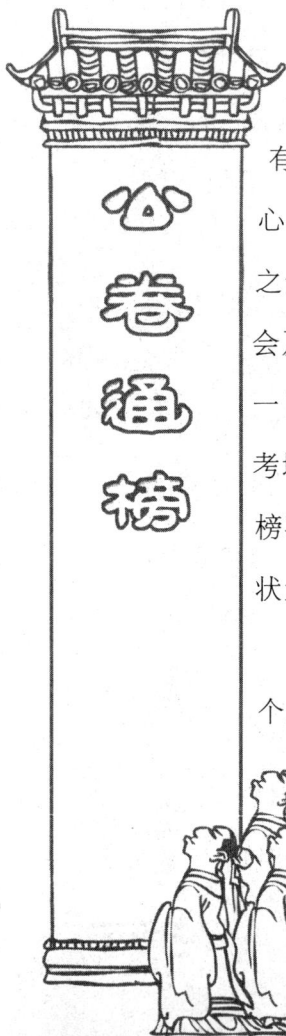

唐代考试有"公卷""通榜"之制。公卷就是由考生把平日诗文成集，到时遍送政府中能文章、有学问的大僚阅看。这些前辈看了考生平日的作品，心中便有了大致的品第，在未考以前，就有许多知名之士，获得了优势的地位。通榜是考后出榜，根据社会及政府先辈的舆论，来拔取知名之士，不专凭考试一日的短长。甚至有的主考官谦逊，因不了解这一次考场中的学术标准，不自定榜，而请有学问的人代定榜次，并有请应考人代定的，而应考人又自定为榜首状元。这样的事在当时是佳话，不算舞弊。

钱穆认为，考试的目的是为国家选拔人才，明白这个主要精神与本原意义，就不必在细节上斤斤计较。但

跟着钱穆学历史

有人要借此制度的宽大一面来作弊，于是政府就要为防弊而把制度严密化。一切制度都是如此。但制度越是严密，反而会失却本意，而专在防弊上下工夫。宋代考试制度远比唐代严格，那时有糊名制，所凭的真是考试成绩。但是考试成绩只是一日的短长，就算有主考官存心要录取他平日最得意的门生，因是糊名，寻觅不出学生的答卷，这个人就落第了。这样一来，考试防制严了，但是却并不能保证就能得到真才。

唐代考试由礼部主管，人才分发任用则都在吏部。礼部及第了，未必马上就能任用，因而仍需要经各衙门的首长辟署，在幕府中做僚吏，借此对政事先有一番实习。经历了五代的长期黑暗，人不悦学，赵宋朝廷刻意奖励文学，重视科举，只要及第就能得美仕，但这样反而不如唐代还能保留得两汉以来一些政治实习的优良传统。

考试制度在宋代虽然更严密了，但并非更有效果。然而在政府大力提倡之下，社会学术空气又得以复活。于是有许多人站出来想改革这种科举制度，王安石就是其中之一。

王安石变法中有太学三舍法，希望以学校的平日考核来取代科举考试，选拔真正的人才。"三舍法"，即把太学分为外舍、内舍、上舍三等，"上等以官，中等免礼部试，下等免解"。又有贡举法，废明经、存进士，熙宁三年三月，进士殿试罢诗、

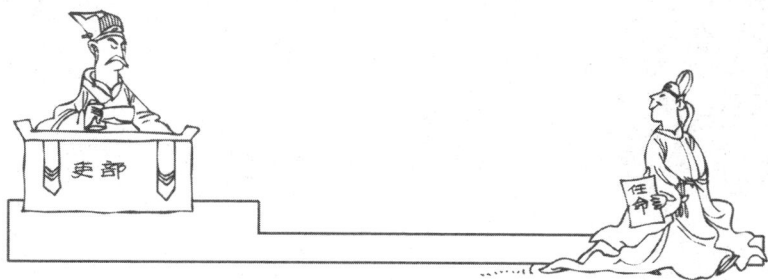

赋、论三题而改试时务策。熙宁四年，二月，颁新贡举制，废明经，专以进士一科取士。另设"明法科"。

王安石的变法，一是想用学校教育代替考试。考试只能选拔人才，却未能培养人才。在两汉有太学，在唐代有门第，这些都是培养人才的。社会培养出人才，政府考试才有选择的余地。宋人颇想积极兴办教育，但心有余而力不足。

二是想把考试内容改变，不考诗赋，改考经义。人人学诗赋，明白风花雪月的词句，用此标准来为政府物色人才，却不妥当。毕竟政府更需要那些有实干的人才。王安石于是自己亲自编订了一套经书，作为新式考试的参考教材。但改革后却所得不偿所失，考经义反而不如考诗赋了。王荆公王安石因此叹息，本来欲变学究为秀才的，不料却将秀才转变成了学究。

考试制度，是中国政治制度中重要的一部分。由唐迄清，绵历了一千多年。中间有改革、有演变，积聚了不知多少人的聪明才智，在历史进程中逐步发展。直到晚清，西方人还采用这种制度来弥缝他们政党选举中的偏陷。让钱穆感到惋惜的是，当时的人却对以往考试制度在历史上有过千年以上根柢的，一口气全否定了，不再重视，也不再留丝毫姑息的余地。

## 皇权膨胀的副作用——太监

西方在近代史阶段走上了一条发展工业的道路，成为世界的中心；而一直为文明大国的中国，此时也进入了明朝，从1368年至1683年，三百多年的时间里，中国却慢慢落后于西方，特别是在政治制度方面，比之唐宋更是大大退步了。

钱穆最反感别人说中国传统政治是专制独裁的，但他却说："这一说法，用来讲明清两代是可以的。"汉、唐、宋诸代，相权还在制约着皇权，只是程度有所不同。但是到了明太祖洪武十三年（1380年），宰相正式从中国政治制度中消失了，此后清朝也没有宰相。明代宰相的废止，就是政治的一大退步。

据正史记载，明代开国之初有宰相胡惟庸，胡惟庸因自恃与朱元璋一起南征北讨多年，在位居宰相之后，骄横跋扈，结党营私，并且派人暗中招兵买马，准备谋反。后来被明太祖发现，将胡惟庸处死。胡惟庸死后，他生前诬陷忠良、贪赃枉法的诸多罪行都被揭发。明太祖大为震怒，从此废止宰相，不再设立，并告诫子孙永远不准再立宰相。

三省之中，明太祖废去中书门下两省，只剩尚书省，但没有设尚书令和左右仆射，由六部分头负责，就叫作"六部尚书"，等于升本司为部长，六部首长各不相属，这些尚书都是最高官阶的二品大员。

此外有一个都察院，前身是御史台，专掌全国各事

的弹劾纠察。还有一个管理章奏的通政司、一个主诉讼的大理院，这三个部门加上六部，合称"九卿"。刑部尚书、都察院、大理院合称"三法司"，朝廷一切重大司法案件，由三法司会审。这九卿互不相干，都直接隶属于皇帝。

经过这样的改变，一切大权就集中到皇帝。皇帝一个人当然管不了这么多事，就有了秘书处，称为内阁。皇帝的秘书就是内阁大学士，这些人的办公地点都在内廷，所以这些人又称为"内阁学士"或"内阁大学士"。内阁学士官阶五品，在朝廷上地位不高。上朝排队，大学士的朝位在尚书的下面。

这些内阁大学士，在太祖时，主要是皇帝的顾问，帮忙执笔传旨，没有什么决定权。

北京故宫主体建于明成祖永乐年间，体现着当时皇帝的办事规模。前面三大殿是朝会之所，后面如乾清宫等，由皇帝住宿。他天天要到前面来办公，距离相当远。加上北京多风干燥，秋冬春三季都相当寒冷。而皇帝上朝一般都要在日出前，天不亮就朝会，皇帝须黎明即起，等到太阳出来便散会。

一般官员多半住宫外，上朝路远，乘轿骑马，带一个仆人，掌一盏灯笼，四更五更就要去。到了紫禁城，仍准乘轿骑马的只有少数几个人，多数要走进朝房，静候皇帝上朝。那时也没有暖气，有些木炭火，摆在空空的屋子里面，没有什么取暖效果，上朝的条件很艰苦。

明制一天要早朝、午朝、晚朝三次，有时候还要专门到御门阳台上，让老百姓也可以见面说话。明太祖是

跟着钱穆学历史

开国皇帝，以前在皇觉寺做过和尚，粗活儿累活儿都干过，这样上朝自然不在话下，他的儿子明成祖朱棣也还是亲手打天下，搬到北京以后凡事亲力亲为。但再往后的皇帝，长在深宫，就赶不上老祖宗有精神有活力了，天天出来上朝见群臣，都是一个很难的任务。今天的事情推明日，群臣们的问话也无辞可答，后来皇帝就只有偷懒，把政权交付内阁，阁权慢慢地大起来。

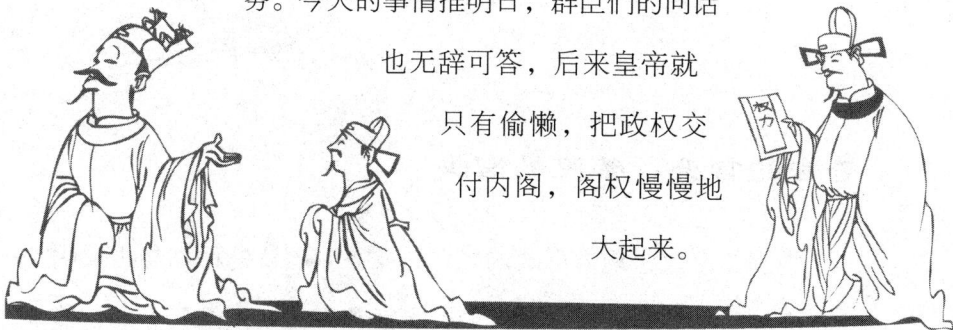

一切奏章、政事，看详批答，都要经大学士之手。原本唐宋时，政府的诏令都还由宰相来参与或者草拟，皇帝同意，但是在明代，一切诏令皆出皇帝亲旨，全部责任都在皇帝。所以明代制度，可以说是皇帝独裁。

明代的两位开国皇帝还亲自来内阁，后来的皇帝就不常到内阁，甚至有几个皇帝长久不管事，经年累月不再到内阁，一切公事都要送进宫里去。

皇帝和内阁日常不见面，他们之间需要沟通的桥梁，这时就出现了太监涉政。皇帝有事交给太监，再由太监交给内阁。内阁有事，也同样经过太监上呈皇帝。这样，太监就慢慢地掌权。有时候甚至会出现皇帝嫌麻烦，叫太监批公事的情况。批红的实权，落到太监手里，太监就成了真皇帝。遇到太监懒得批的奏章，便拿着公文包鱼包肉，明代政治由此进入最黑暗的时期。

在洪武十七年（1384年），太祖曾铸了一块"内臣不得干预政事"的铁牌，挂在宫门里。他料想到皇帝独裁，太监接近皇帝，易于弄权。但是明太祖规定不准立宰相，后人遵守了，至于不准太监干预政事，后人却没有遵守。

## 管官的官多，管民的官少

中国国家大，地方行政的好坏，关系到国体的稳固与否。明代亡国以后，以明朝遗老自居的顾炎武著有《日知录》一书，他曾说："天下太平，则小官多，大官少；天下之乱，则必然是大官多而小官少。"这也是在说地方政治干得好，天下就太平，反之天下就大乱。而钱穆也把明代的衰落归结到管官的官多、管民的官少上面。

明代地方行政，首先就要说现在的省区制度。行省制度，始于元代。在金元两代，开始有行中书省。忽必烈征服中国后，完全把权力集中在中央，对地方缺乏信任。某地方出了事，中央宰相府就派一两个人去处理，"行省"是一个行动的中书省。

英国曾在中国香港、印度设有总督，殖民地总督是直属国王的。在名义上，殖民地总督，由英国国王派，不由代表民意的内阁派。因为殖民地不许有民意。英国本土可以有民主、自治，像中国香港、印度殖民地便不能有民主与自治，所以也不该有地方官，只由皇帝派一总督来管理。元代的行中书省，等于就是英国的香港总督一类。

元朝同宋一样，把地方分成路、府、州、县，但是又分派行省到地方上监督，意在控制好各地的局势，不让百姓有造反的机会。到了明代，废去了中书省，就把行省长官改成"承宣布政使"。全国划分为十三承宣布政使司。到清代，在承宣布政使之上，又常设有巡抚和总督。

明代地方长官与承宣布政使并列，还有一个"提刑按察使"。布政使管行政，按察使管司法，又有一个"都指挥使"管军事，这三个合称为三司。这样一来，地方政府的事情就更不好办了。

明代地方行政最低一级是县，县上面是府和州，再上面才是省，就是承宣布政使司。三级之外再加上分司，就变成了四级。行中书省是把中央分置在地方，明、清两代是把地方高级政府再派到低级去，就是监司官。

明末大儒王夫之，在其所著《黄书》里，曾有统计说：山东省有六个府，但有十六个分司；山西省有五个府，有十三个分司；陕西省八府，有二十四个分司；四川省九府，有十七个分司。

明代冗官、武职特别严重。有史书记载："历代官数，汉七千八百余员，唐万八千员，宋极冗，至三万四千员。本朝（明）自成化五年，武职已逾八万，合文职盖十万。至正德世，文官二万四百，武官十万……吏五十五万。"宋朝的三冗是出了名的，但从上面的史料

看，明朝的"冗"更可怕，官职数目是宋的近三倍。而很多学者认为，明代实际人口大约在一亿到两亿。也就是说，宋代与明代，人口数应该相差不大。这样，宋明的官民比例也就更大了。

县上有府，府上有司（分司），司上才是省（司），管官的官多、管民的官少也就不足为怪了。真正亲民的县官，头上有一排上司要伺候，官阶又小，所以钱穆说："中国地方政治，宋代已经不理想，明代更不行。县官压得太低太可怜，他服侍奉承在他上面的长官还来不及，哪有工夫去亲民。"这是实话。

明代的布政使、按察使与都指挥使，并不是最大的，这几个长官上面还有官，那就是总督与巡抚。总督巡抚在明代制度下，有事才出差，并且带一个都御史的衔，表示只是临时的办事。譬如倭寇来了，派一个总督或巡抚去，组织抗倭。过几年事情平定了，这官就回中央，机关也撤销。但一到清代，总督巡抚又变成为永久的，地方行政就愈来愈坏了。明清两代总督巡抚，意在对内防乱，不在对外开边，中央对地方的戒心太重，在钱穆看来，这样的政治体系实在太不好了。

## 官吏分途，吏制大坏

地方政府的层层叠加，又有了新的弊端——吏胥之制。

官与吏之分古已有之。"吏"最先是指管理一般业务的，相当于后来称的事务官。两汉时，每一机关的总管理者独称"官"，下属诸曹都是称"吏"。这两者的出身并无大区别。宰相出身于吏，也是寻常事。唐代的吏和官，就渐渐分得远了，但两者间还没有判若鸿沟。宋代规定吏不得为官，到了明代，官与吏的区别就太大了。

明代有很多制度沿袭元代。元代政府长官，大都用蒙古人。蒙古人不懂政事，不识汉字，便需要书记、文案来辅政。那时读书人没有出路，混进各衙门当书记和文案，谋得一口饭吃。这就是官与吏流品泾渭的开端。

明太祖时，人才不够用，就推行荐举，任何长官都可荐举人才。不分进士、监生、吏员，朝廷一律任用。进士等于通过高等文官考试的人，监生等于是大学生，吏员则等于是公务员。但到明成祖时，便规定吏胥不能当御史，也就是说有公务员身份的不能做监察官；又规定吏胥不准考进士，也就是说公务员不能考大学。这样一来，吏胥的出身就被限制在一条路上。官和吏也就分成两途了。

因为没有文化也没有提拔的可能，吏胥在中国政治上的流品观念里，就被人看不起。这种观念到明成祖时成了定制。

在明代政府观念里，吏胥和道士、优伶一样，另成一流品，没有出身。不准做御史，又不准考进士，结果只有考生或秀才中没有出路的才来当吏胥。钱穆说吏胥流品虽低，但他们对政治影响却很大。

159

近代政治界中最有名的"绍兴师爷"，早在元明时代已有了。他们的势力布满全国。明代有一位理学先生陈几亭，有一位朋友到绍兴去当知县，他写一篇文章送行，大意说：天下治乱在六部，而六部的吏胥完全是绍兴人，这些绍兴人虽在中央政府办文案，但他们的父兄都还在绍兴。希望你到绍兴后，能多注意教化他们的家庭。把吏胥的兄弟子侄教化好，将来他们就可以影响吏胥。吏胥变好了，天下也就有治了。所以绍兴是天下治乱的根本。

钱穆就很赞同陈几亭的这番话，可以说他是说了摆在历史这张桌子下面的问题。一般谈历史的，只注意桌子面上的事。如宰相怎样、六部怎样，而没有注意到桌子底下的力量，吏胥就是桌子底下的力量。一切事情到了吏胥手里，铨选则可疾可迟，处分则可轻可重，财赋则可侵可化，典礼则可举可废，人命则可出可入，讼狱则可大可小，工程则可增可减。中国政治界里吏胥所经管的，不外此七项，而政事中要说最主要的，也就只在这七项当中。吏胥是专门执行这七项的人。

吏胥是"职业政治家而擅有专门知识的"，但当时官场又看不起这些人，这些人也自认流品卑污，洁身自好也脱不了吏胥的流品，不如拿着政治当玩物。于是就舞弊作恶，胆大包天。我们都知道，中国的法制历来弹性很大。有时候皇帝高兴，天下大赦；有时候皇帝要严打，就小题大做，以儆效尤。这种弹性也使吏胥有机可乘，上下其手。

明清两代的地方行政官，大都是管官的，事都交给师爷、吏胥去办。各衙门都有师爷，他们四面八方都有朋友，也是江湖老

手了。而管官的官却都是科举出身，像刚出世的小
绵羊一样，哪里懂得官场上的规则。一个官到了
衙门里，至少需三四个月或一年半载，才能掌
握详细情况，而吏胥往往会起来反对他，暗中作梗。这种事情，
从明代起就有了，而直到清代，日甚一日。钱穆说正是因为官吏
流品有清浊，才有这种对立。

　　当然，在上面流动的叫清流，在下面沉淀的是浊流。只要
做了吏，混入浊流，就再难翻身洗清。只
要你身在吏胥流品中，纵然有才有德，
也仍走不出吏胥之本流，还是一个
吏胥。这种默认的社会规则是可怕
的，压得吏胥不自爱、不向上。这
样的政治也是地方行政的失败。

## 无奈的八股考试

　　光绪二十八年（1902年），清政府宣布废除八股取士。
到这里，八股文走过了四百多年，寿终正寝了。我们现在提到
八股，便会想到它是钳制思想的工具，但是这套制度，在
钱穆眼中是明朝时选拔人才的无奈之举。

　　考试与用人历来紧密联系在一起。自唐代确定科举以来，宋
没有多大变化，但是到明代，变动就大了。后来清代的考试都从

明代沿下，一直走到1902年。

唐宋两代的考试，由民间先在地方政府呈报，由地方送上中央，这些人就叫"进士"。考取后称"进士及第"。比如一个山东人，先向山东省政府报名，再把这个人送到中央，这个人就是山东省进士。考试录取了，就叫进士及第。主要的考试只有一次。

明代报考的人数多了，就分成几轮来考。第一轮是府县考，录取了叫入学，就是我们所说的秀才。但这种"县学生"有名无实，因为并无正式的县学。第二轮是省试，考试地点在各直省的省会，这叫乡试，考中的俗称举人。比如范进中举，就是参加的第二轮复试赛了。每个省都有举人，这些举人再送到中央，进行第三轮会考，这叫会试。如果会试通过了，就叫作进士，也叫进士及第。

这种分明的考试制度也让科举场中出现了流品。进士及第是清流，浮在上面直向前，秀才举人则变成了浊流，沉淀在下面，难以翻身。"鼎甲出身"，也成一种流品观念了。

从两汉到唐宋，任何人都得从小官先做起，但人人都有当大官的希望。明以后，科举灭了秀才举人当大官的希望。而上层的进士与翰林，没有做小官的，清代也如此。

曾国藩进士殿试，虽列三甲，只是同进士出身，但是他进士散馆成绩好，就获进翰林院，以后出来便做几任学政主考，后此就做侍郎，等于现在的副部长，一下就做大官了。至两江总督、直隶总督、武英殿大学士，封一等毅勇侯。

考不上进士翰林的，即使你学问修养好、从政成绩好，也还是没办法提升。这种制度重法不重人，也绝非无好处。好处之一，就是培养了实干型的人才。

明清两代许多的有名人，都出在翰林院。他们考取进士后，留在中央，对政府一切实际政事渐渐都了解了。政府又给他一个好出身，将来肯定有大官做，他们也就可以安心努力。在进士留馆时期及翰林院时期，一面读书修学，一面获得许多政治知识，等到政府需要人才的时候，他们就有机会出人头地了。进士与翰林成了政府的人才储备资源。

科举本只能物色人才，不能培养人才。而在明清两代进士翰林制度下，却可培植些人才。这种人才，无形中集中在中央，影响就很大。

曾国藩考取进士时，也不过三十几岁，那时在学问上并无什么深厚的基础。而在他进士留馆的一段时期，住在京城，生活虽说很清苦，但很清闲，没有什么事，可以一意从师觅友、读书论学，便逐渐打下了学问基础。等到做翰林，还是没有事，读读书，或到外省做主考官，旅行各地，接触民情风俗，认识朋友，回来还是翰林。如是多年，才正式当官任事。

钱穆评价说，明清两代，才把培养人才的机构归并到考试制度里，这是很好的制度。

但是明代考试制度里，又有一件最坏事，那就是八股文。从明代下半期到清代末期三四百年间，八股文考试是中国历史上最戕害人才的。大家都知道八股文很死板，没有什么意思，为什么政府偏要用此来考试呢？

明代推行八股文，早已在衰世。正因当时应考人太多了，录取标准总成为问题。唐代考试考律诗，因为古诗不容易定标准、判优劣，律诗限定字句，讲究平仄要对得工整，一字不合就不取。这种标准具体而客观。宋代不考诗赋考经义，仁义道德，大家一样的会说，谁好谁坏很难辨。演变到明代，就在经义中渐渐演变出一个一定的格式来，八股文犹如变相的律诗，是一种律体的经义。这并不是封建的皇帝要愚民，但是人才最终被束缚在了这个八股里面。

## 三百年明朝，不堪一击

除了宋代极顶可怜的国防，钱穆最同情的就是明末的军队。他用心描述了很多明兵在北方作战的情景，让人读来哭笑不得。

明代的兵制和唐代相似，只是在称呼上不同。大的兵区叫卫，小的兵区叫所。明代的卫所如同唐代的府。明太祖曾说："吾养兵百万，要不废百姓一粒米。"用的就是卫所制度。当时设在一个府

里的兵区叫所，连着两个府的叫卫。大约以五千六百人为一卫，一千一百二十八人为一所，一百一十二人为百户所，外统于都司，内统于五军都督府。出兵打仗的时候，朝廷派一个将军指挥卫所军队。战事结束，军队回归卫所，将军也没了兵权。平时卫所军自给自足，国家不要他赋税，这种制度可以说是府兵制的升级版本。

　　读历史的时候，遇到清兵南下，总觉得明朝太弱了，怎么连建洲女真这个松花江外的小部族也打不赢？一个大国垮掉，并不是说文化衰败、道德堕落、政府专制黑暗这样几句空洞不着边际的话就能道出其中因缘的。从政治上来说，一项制度只要推行到两三百年，难免会出毛病。明代有两三百年的太平，当初的制度便慢慢腐化，如同生命的新陈代谢一样。

　　两三百年的长时间，人们的精神也会放松下来。十六世纪，西班牙人门多萨游历了大明国，带着很多惊讶和不解回到了欧洲，写了《中华大帝国史》，从他的记录中，我们就可以看到明国人生活的情况。

　　中国人自称"大明人"。全国划分十五个省，每省都要比我们所熟知的欧洲国家为大。中国境内有完好的道路网，使城镇相连；路面平整、宽阔，官道可容十五人骑马并行。路旁商店林立，两侧绿树成荫，如同罗马时代的大道一样。有些城市有水道相连，好似威尼斯。北京是世界上最大的城市。中国人富有建筑才能。一种用"白土"做成的方块（即砖）坚硬无比，只有用锄才能将其砸碎。一座座邸宅有如庄

园。中国物产丰富。蔬菜种类远较西班牙为多。仅橘子就有三个品种，甜的、酸的和甜酸适度的。糖质地很好，非常洁白，价格也低廉。蚕丝色泽艳亮，质量超过西班牙格拉纳达的产品。中国农田管理得很好，没有一块荒弃的土地。一块块耕田错落有致，有如花园。……这是世界上最富饶而物价又十分低廉的国家。

这样一个大明国的卫所制度本来不坏，明代也凭此建立了赫赫武功。后来国势隆盛，四境太平，一个兵一生都不见打仗，他们的身心都会松懈。而且动员打仗也是一件难事儿。

如和建州女真作战，依照制度要全国平均调兵。但是对一个大国来说，从全国各地调几十万人集中到中央，早已是全国骚动。再实际一点来说，天南海北的人风俗习惯、语言面貌都是陌生的。国家的武库里面所藏的兵器衣装，也不知是哪一年存储的。铁也锈了，线也烂了。这也不能怪政府，哪有政府能经常隔三年两年要做几十万军装摆在库里让它霉烂呢。就算是今天的美国，也是到不得已才努力制造军用飞机的。如果没有苏联大敌在前，也不会大力发展军工业。霉烂的军装分发兵众，胖子穿着紧，瘦子穿着肥，大家想调换一套称身的也不容易，大多数是勉强马虎穿上身。

临出发，军队照例要先祭旗，祭旗的典礼，要杀一头牛，据说明代那时，连头牛都杀不死。因武库的刀太久了，又锈又钝。祭旗杀牛用的刀都是如此，几十万士兵手里拿的就可想而知了。

再看对手建州女真人，他们生活在气候寒冷的北方，身上的穿戴都格外不同。戴的帽子两边可以到颔下，只露两只眼一张嘴。民国时候的马褂与长袍，也是当时建州的军装。为了骑马方便，长袍两面

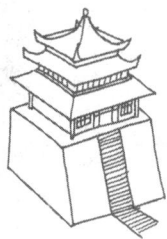

开袴，骑上马，还可把里襟搭过来盖着两条腿。他们的马蹄袖，正好保护伸出的手指。而中国内地的服装，骑上马，膝盖、手都露出来了，冻得没办法。而且有些是云南人，有些是广东人，有生以来也没见过冰和雪。骤然调到北京，穿上那些不称身的旧军装，再调到关外，大风一刮，精神惨沮，还说什么打仗？当时一个叫杜松的军官，就是因为帽子锈了被满洲兵一箭射死的，总兵官尚且如此，士兵更不用说。

当时徐光启在南方，专门为此事上奏，表示要从头练新兵，每个兵都该量着尺寸做军衣，又要适合着东北关外的气候。刀枪武器也该配合各人的气力做新的。他的计划政府也赞成，但户部拿不出钱，就没能照办。

军装武器在武库里安详地度过了三百年，全国农民也都习惯了安静和平地过活，生平没有见兵戈。一旦边境出了祸事，这些百姓便要千里迢迢跑到关外去打仗，而军装武器就是军队的生命，物质条件配不上，单靠精神，很难持久。几百年的太平消耗了明国的武力，突然出来一个建州女真，抵不住也不足为怪。这种情况，不能归罪到我们的传统文化头上。

## 部族政权的私心

钱穆在评价历代政治得失时，对汉、唐、宋、明都抱有他所说的"温情"，也对前贤往圣心怀敬意。但是提到清朝，突然变

得"横眉冷对"，将最重的批评都用在了清一朝上。这样的角度在今天看来，不符合我们现在提倡的多民族国家大团结的宗旨，但是他身在战乱年代，有这样的看法并自圆其说，我们也当同样用心理解他那一片赤诚的爱国之心。

首先，钱穆拒绝承认清朝有政治制度。因为"制度是出之于公利，在公益下形成的一些度量分寸。而法术则出于私心，因此没有一定恰好的节限"。虽然他也承认，要建立一项绝对大公无私的制度，不仅古代历史未有，将来这希望也还远。不过公私之间该有分量的轻重。

钱穆说，论汉代，西汉可说是制度，东汉则多半出于光武的私心。论唐代，确实可说在建立制度，而宋代则有许多只算是一种法术。明代，有许多只能说它是一些事，不能说它是一些制度。尤其是清代，可说全没有制度。它所有的制度，都是根据着明代，而在明代的制度里，再加上他们许多的私心。这种私心，可说是一种"部族政权"的私心。

从中国历史来说，皇帝个人并不能掌握政权，从汉代到明代初，宰相一直起着调节皇权的作用。到明代废了宰相以后，皇帝在政府的权力大大提升，但也并不是在当时政治制度里，整个主权都在皇帝，中国皇帝没有讲过"朕即国家"这句话，即是明清两代的皇帝也都不敢讲。单只是皇帝代替了宰相，那仍是制度上的改变，不是理论上的翻新。

到了清朝，君王开始用另一批人来代替读书人，而这一批人的选拔标准，就是出身。元代的蒙古族人与清代的满族人成了当时政权的实际掌握人。表面上来说，清代也有读书人，如有名的

跟着钱穆学历史

纪晓岚。但这是中国传统的政治理论，满族统治者没有公然反对这种理论。他们只在此理论之下，另用一种法术，将满洲部族凌驾于中国读书人之上。"若说他们是专制，则该是部族专制，而仍非皇帝专制。"

钱穆的这番话虽然严厉，但也不无道理。清人入关之后，最初的措施就是推行"剃发易服"政策。强令被征服的汉人一律改变发式、更换服装，投降的明朝将士也必须剃发易服，作为臣服的标志。

然而，我们自古以来就非常重视衣冠服饰。《孝经》说："身体发肤，受之父母，不敢毁伤，孝之始也。"汉人成年之后就不可剃发，男女都把头发绾成发髻盘在头顶。而满族的男子把前颅头发剃光，后脑头发编成一条长辫垂下。汉服以交领、右衽、无扣等为主要特色，满装的主要特点是立领、对襟、盘扣等。

清军于明崇祯十七年（1644年）入关时曾颁发"剃发令"，因引起汉人的不满和反抗，于是公开废除此令。清兵进军江南后，多尔衮下令再次颁发"剃发令"，"留头不留发，留发不留头"，便发生了嘉定三屠事件。此起彼伏的斗争历经几十年，最终结果是满族统治者取得胜利，汉族大部分生者都剃发结辫，改穿满族衣冠；坚持不愿改换衣冠者要么被杀，要么逃到海外，要么遁入空门，带发修行。

到辛亥革命推翻清帝国，号召民众剪去辫子时，仍然有许多人不愿意剪，其中原因之一就是害怕剪去辫子后被官府杀头，可见"留头不留

发，留发不留头"的"剃发易服"政策对汉族影响极深。当时的陈名夏曾说过："免剃头复衣冠，天下即可太平。"然而不久他就因为说了这句话而被满门抄斩了。清朝的文字狱就更是猖狂了，因为一字而全家被杀者，不在少数。这样的政治，实在是令人毛骨悚然。

## 秘密政治最可憎恶

我们现在提倡要政务公开，透明办公。钱穆所愤恨最甚者，就在于清代的秘密政治。清代政治，和之前的传统政治不同，始终袒护满族人，也需满族人在后拥护，才能控制牢固。在这种私心下，政府就需要一种法术来对付地方，其中之一就是秘密政治。

清代政府发布最高命令的手续，很不合历史以往的做法。最高命令称"上谕"，上谕又分为两种：一种是明发上谕，一种是寄信上谕。

明发上谕都是相对来说不关紧要的事，如皇帝出外巡幸、上陵、救荒、人事上的升降、发布给中外的通知等。先是由内阁拟好，皇帝看过，再由内阁交到六部。

前一种方式是常见的，但是寄信上谕是清代特有的。寄信上谕不按程序，而直接由皇帝通过军机处寄给受命令的人。比如给江苏巡抚的上谕，就直接寄给巡抚本人，旁人谁也不知道。如果要交给吏部尚书的，也是直接寄信给吏部尚书，此外无人得知内容。

寄信上谕最开始的目的是为了保护军事机密，但是后来凡是紧要的事，都用寄信上谕发出。这种上谕，由军机处拟给皇

帝看，皇帝看过以后，封起来盖一个"办理军机处"的印，这个印一盖，谁也不能看了。如果是有关经济财政问题的，送给江苏巡抚，户部大臣也不能看。若是有关军事的，送给两广总督，兵部尚书也不能看。这种上谕封好，办理军机处的印盖了，就交给兵部尚书，兵部尚书不能拆看，只要他加一个封袋，直接发给受命令的人。如是则一切事情，全国中外各长官，都直接和皇帝联络，其他旁人全都不知道。全国政治都变成了秘密，不再公开。

雍正是有名的专制皇帝，他的上一代康熙帝，在中国历史上算是一个较开明皇帝，但是到了雍正便太专制了。如今还存留着他的朱批上谕的印章。当时，全国各地地方长官一切活动他都知道，全国各地都有他私派的特务人员。因此许多人的私生活，连家人父子亲戚的琐碎事，都瞒不过他。一切奏章，他都详细批。

雍正元年，清帝召见王公大臣九卿宣布了一个重要的决定。他说："建储一事，理宜夙定。……今朕亲写密封，缄置锦匣，藏于正大光明匾额之后，诸卿其识之。"雍正"驾崩"之后，庄亲王允禄等人打开雍正元年预立皇太子的秘密诏书，高宗弘历依诏即皇帝位，从此成为大清王朝不可动摇的基本制度。因为雍正皇帝创立的秘密建储制度，一劳永逸地解决了中国古代王朝长期难以解决的接班人制度问题，因此人们长期对雍正皇帝的这个做法给予极高的评价。

秘密立储，也是清朝的一个创造。兄弟父子之间为夺皇位相互暗算，如此大费周章也是无奈之举。

对皇室尚且秘而不宣，更不用说要对黎民百姓交代什么了。

清朝之前，外面呈给皇帝的公事，一般要先送到六部；皇帝交代下来的公事，六部也一定得先看。因为政治该公开，而六部尚书是全国的行政首长。在明代还是如此，那时大官的任用还有廷推，小官的任用则只经过吏部。事关教育，则一定要经礼部的。但是清代皇帝私下决定了，就不再给政府行政长官预闻而直接办理。"这绝不能说是一种制度，这是纯粹出之于私心的。"钱穆说。

唐宋诸代的诏敕，宰相一定要盖章，没有宰相的章，就不成为诏书。这就是一种制度。皇帝的诏书不能给旁人看，而要直接送出，这就是一种法术。

钱穆批评政治上的秘密活动，这是很有道理的。如果一个政治体制都是秘密的，便很难保障公益，很可能被暗箱操作。而清廷八旗非中原之人，如果他们只为自己着想，其他人就要遭殃，毕竟中国不止一个满族，还有很大一部分的汉人和其他少数民族，也在这片土地上生活。被清人统治却不被信任，难免会产生抵御心理。这样的感情，也是可以理解的。

## 为满人而划的禁区

清代的地方官和明代一样，权力是有限的。而明代临时性的总督、巡抚，到了清代也成了常设官，总督、巡抚就变成正式的地方行政首长。而这本来是一种军事统制。地方行政从县到府、而道、而省，已经四级，再到总督、巡抚，就变成为五级。真到军事时期，总督、巡抚仍不能做主，还要由中央另派经略大臣、

参赞大臣之类，总之，清代地方建制还不如明了。

八旗兵是国家的武力主干，全国各军事要地，都派八旗兵驻防。下面的绿营，说是汉人的军队，实际上率领绿营的将领都是满族人。这两种军队，饷给是显分高下的。各省总督、巡抚，差不多在原则上也只用满族人。汉人做到总督、巡抚封疆大吏的，是极少数。至于汉人带满族兵做大将军的，二百多年间，只有一个岳钟麟。到了太平天国的时候，才不得已用了曾国藩、左宗棠、李鸿章，替满族人再造中兴，从此封疆大吏，才大部分转到汉人手里。但是到甲午战争失败前后，封疆大吏又都启用满族人。所以钱穆说清代政治，完全是部族的军事统治。

从上面这两个方面来看，清朝的臣民是不平等的，八旗子弟要高出汉人很多。但要说最不平等的，还是满族人划出的禁区。

清朝统治者修筑的标示禁区的柳条篱笆，被称作"柳条边"，又称"柳墙""条子边"。清初，大量汉族人到东北垦荒谋生，为了禁止汉人及其他民族迁入满族住地，封禁人参、貂皮、珍珠、鹿茸等名贵特产产地，保护满族人的特权、防止满族汉化，顺治至康熙初年，修筑了两道柳条边。一道长九百五十余千米，称"盛京边墙"，也叫"老边"；另一道长三百四十五千米，因修筑时间晚，故称"新边"。

柳条边由边墙、边门、敌台、路台等组成。边墙有两种形式，即壕沟之后设两道土墙和两道壕沟之间夹一道土墙。墙上植有柳条，边门与一般城门相仿。敌台、路台仿明代建筑，间隔几里至十几里不等，沿线有驻军把守。到乾隆年间，柳条边已形同虚设，

逐渐废弛。柳条边的遗迹，今只有少数地方，如辽宁义县附近的清河边门遗址的痕迹可见。

清政府把"东三省"划成禁地，不许汉人出关。满洲人本是吉林长白山外松花江畔很小的一个部族，满洲并不就是"东三省"。辽河东西两岸，秦以前就一直在中央政府的统治之下。战国时代属于燕。秦始皇筑万里长城，东边直到大同江。清代奉天一省，两千年来也一直在中央的控制中。但是到了清代，统治者却把它划出去作为满族人的禁地，不许汉人出关。直到光绪末年，河北、山东人才可以出关开垦。

当时的台湾，也划为禁地。因为台湾由郑成功反清复明，后来自立为王，还不断有人造反，因此不许福建人私渡。这是为了管理，和"东三省"不同。

第三个禁地是今天的内蒙古东部。清朝把它划成为禁地，不许添住一户人家，也不许多垦一亩地。因为这些地方接近蒙古，他们的目的，要把蒙古人和汉人隔开，不使相接触。直到光绪末年才开禁。

第四个禁地是新疆。因此新疆有大量的肥沃土地尚未开辟，他们要留作满族人的衣食之地，希望满族人能到那里去，不许汉人前往。直到左宗棠平定新疆以后，禁令才松弛下来，汉人才能随便去新疆。

"因于满洲人这些私心的法术，在中国境内无端划出许多处禁地，形成许多特殊区域。"钱穆特别指出的这一点，混淆了视听是小，耽误了国家统一是大。

跟着钱穆学历史

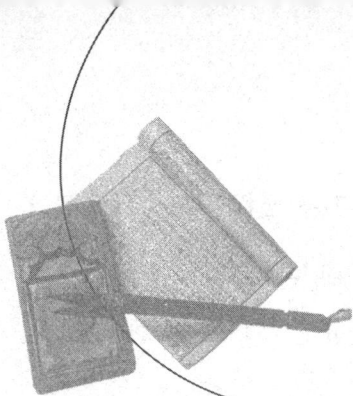

# 第六章

## 老故事，新想法

"你们都说中国的坏话，无怪我要多说几句中国的好话。"钱穆开宗明义就说清楚，他要替中国历史辩护。中国有世界上最宝贵的价值观，中国有最开放的政治环境，中国的守时讲法，中国历史不是封建社会⋯⋯这些观点不仅外国人会质疑，就连我们自己恐怕也不尽信。但看完钱穆的话，却又不得不信。

## 假如中国独立富强了

"假如有一天，中国人又独立自由了，国势兴隆，幸福康乐，过着舒服痛快的日子，那他们将怎样打算呢？他们会又想做些什么呢？"

钱穆先生耳闻目睹了中国二十世纪百年来的遭遇：先是受

人压迫，后又自相斗争，可谓内忧外患、痛苦已极。在这种情况下，他发出了上面的疑问。这个问题似乎就是在问今天的我们，他所说的"独立自由""国势兴隆"，不正是我们的今天吗？我们有什么打算，又想做什么事情？

或许，我们今天想做的事情太多了，不知道钱穆老先生，对今天的中国会不会满意。在他看来，要知道后来的中国人，也就是我们会做什么，就要看中国文化本来是在向哪一条路走，也就是我们国家民族文化内在的性格。

中国文化传统有它的希望和目的，只是隐藏在五千年的历史中。这五千年的历史，犹如一段生命。如果将一个人的生命分段来看，我们可以说他的第一时期是幼年在家期，第二是青年求学期，第三或是从事革命期，诸如此类。通过对他前期的分析，我们就可以知道他曾希望做些什么，又完成了哪些。钱穆也将中国文化史分成几期，来看它循着哪一条路走。

钱穆把中国文化从有史起到他生活的民国止，分为三期。秦以前为第一期，秦以后到唐为第二期，唐以下到晚清为第三期，民国则是第四期开始。这样的分法，也基本符合我们对历史的把握习惯。

中国文化和欧洲文化比较，好像两种赛跑。中国是一个人在跑马拉松，而欧洲则像是接力跑，一面旗从一人手里传递到另一人，不断替换。从欧洲的历史来说，那面旗先由希腊人传递给罗马，再由罗马人传给北方民族，现在是在拉丁条顿民族手里。还有人认为，说不定那面旗会由斯拉夫民族接去。而且这面旗，并不是欧洲自己原有的，是从埃及人手里接来的。

所以中国文化和欧洲文化相比，有两点不同。第一，从时间上讲，中国是由一个人自始至终地跑，而欧洲是多人接力。第二，就空间来说，欧洲文化，从希腊雅典，向四周发散。后来罗马代兴，文化中心便搬到罗马，由罗马再向四周发散。因此他们的文化中心，也从一个地方另搬到另一个地方。到近代列强并立，文化中心也就分散在巴黎、伦敦、柏林等地方，再由这几个中心各自向四周发散。所以西方文化，常有由一个中心向各方发散的形态。而且这些文化中心，又常迁移，就造成了文化中断的现象，在这里告了一个段落，然后在别处再来重演。

钱穆的说法是否属实我们之前已经讨论过，但是在中国文化分析上，他的说法比较中肯。他认为中国的文化一摆开就在一个大地面上。

如当时齐、晋、秦、楚各国，散居四方，而文化水准一般都很高，而且可以说基本上是一色的。当时的长安，是汉代中央政府所在地，人比较集中，但那里不是汉代文化的泉眼，我们很难说某一地点是中国文化的中心。而欧洲文化则由一个中心传到另一个中心，像我们已多次说过的希腊传到罗马，再传到东罗马。因此，西方文化可以有几个中心变换存在，也就有地域性，而中国文化则没有地域性存在。

把西方文化来和中国文化一比，就可以看清楚我们自己的文化发展，到底是怎样的脉络。中国文化的第一个时期，没有地域性，并且一直延续，薪火相传，慢慢进入了第二个时期。

钱穆所说的第二时期的最大贡献，也是一个传统的政治体系。钱穆专门从汉、唐、宋的政府组织、选举制度、经济政策、兵役制度等方面来讨论中国传统政治的一个大的架构。并认为，汉代的政治政策，是"极敦厚，极笃实"的，它的地方政权建设得最出色，而唐代的中央机构最像模像样。宋以下，一切政治社会规模，都逃不出汉、唐成规。钱穆并大胆地推断，今后中国的政治社会，恐怕依然逃不掉汉、唐规模，在政治的一统性、社会的平等性方面，汉、唐的大规模永远值得我们研究。

第三个时期中，也就是从宋到晚清这个阶段，有很明显的一点，就是中国的经济大大发展了。在文化方面，一直到晚清学者，也没有在先秦的思想之外有新的创见，仍然继承着第一个时期的思想而发展。这并不是说，我们的学术文化就此停止前进、难以进步了。在钱穆看来，这只是因为先秦的思想本来就已经很完备，也很凝练。后人所做的，就是将先秦中的种种乌托邦式的理想不断运用到人生当中。比如儒家的学说，就被世代儒者不断地探讨，深挖儒学可能达到的高度和广度。也就是说，我们第三时期的人，在高度不变的基础上，增加了前代所有思想的深度和广度。

第四个时期，也就是我们今天了。钱穆说只要"政治清明，社会公道，把人生安定下来，则西方科学文明并不是不可能接受"。钱穆不排外，但是他不主张近代人将政治、社会一干的希望，都放在外国人身上。花盆里的花，要从根生起；花瓶里的花，可以随便插进。我们的文化前途，要用我们自己内部的力量来补救，这样才有生机。

"不要折损了我们自己原有的活力。只有这样，中国数千年文化演进的大目的、大理想，仍然可以继续求前进求实现。"

## 天下大同：最宝贵的世界观

现在我们知道，中国是世界两百多个国家和地区之一，中国人不过是世界中的一种人。用现代眼光去看先秦中国人的生活，似乎他们闭关自守，和外国人老死不相往来。但几千年前的古人，是很难接受几千年后的我们这样的责备的。因为在中国古代，他们并不认为中国这一块大地是一个国，而认为它就是天下，就是一个大同的世界。

先秦的封建小国，似乎微不足道，后来被秦统一。其实它们都曾有很长的历史。像卫国，国土虽小，亡于秦时，它已有九百年历史。九百年对于现在任何一个国家来说，都是非常长久古老的。其余像齐、楚诸国，也都有八百年左右的历史。

中国当时的四境，东南临大海，西隔高山，北接大漠。《中庸》上说："天之所覆，地之所载，日月所照，霜露所坠，舟车所至，人力所通，凡有血气，莫不尊亲。"在当时，认为中国已是一个天下了，他们所能知道的任何地方，同是一天下，同在整个世界之内。在这视听耳目所能及的范围内，文化也已臻于大同。

在那时，中国已经成为一个大单位，我们首先认为世界上就只有中国人和中国。世界大同，天下太平，这是中国古人理想中的一种人类社会；"凡有血气，莫不尊亲"，这就是中国文化所希望达到的理想。因此我们可以说，中国文化是人类主义即人文主义的，也即是世界主义的。它不只想求一国的发展，也不只想一步步地向外扩张势力。《易经》中有"可大可久"，中国文化可大，也可久。

西周王室覆灭之后，周王室所分封的诸侯们，逐渐形成一个坚强的同盟团体。在名义上，他们仍服从共主周天子的尊严。在实际上他们保存封建文化，压制和抗击游牧民族的骚动与威胁。这就是所谓春秋时代的霸业。但春秋列国君卿大夫，同是贵族，在各自的领土上拥有特权，因此他们只能做到"国际联盟"，就再也不想往下走了。但平民学者兴起之后，他们并不承认贵族特权，他们更能接受天下有一个共主、一个最高中心的历史观念。因此，这些平民学者从国际联盟，进一步而求天下一家。

而这里所谓的"平民学者"，也就是诸子百家了。诸子百家常常在各国间周游活动，当时称为"游士"，也就是说他们是流动的知识分子。他们无不抱有天下一家的大同观念。那些对地域家族有限度的忠忱，并不是他们看重的，因此而造成秦汉以下中国的大一统。

孔子的祖先是商朝之后宋国的贵族，后来逃往到了鲁国。但孔子一生，并不抱有狭义的民族观念，从没有想过灭周复商的念

头；也不抱狭义的国家观，并不曾对宋国或鲁国特别地忠心；更没有狭义的社会阶级观念，他只想行道于天下，造福于全人类。孔子可说是一个"人类主义者""世界主义者"。又比如墨子，他的国籍和出身至今不明，后人只知道他一样是一个没有狭义的国家观和阶级观的人。庄子、老子，就更没有所谓的国家观、阶级观了。

"修身、齐家、治国、平天下"，《大学》中的这一"修齐治平"，形成封建伦理政治哲学的整个体系。而平天下，就是当时的人所抱有的天下观。到秦始皇时代，真成天下一家了。中国文化，一开始就在一个大的地面上，希望只要交通所达，彼此都相亲相爱，结合在一起。他们的最高理想，就是奠定一个世界大同、天下太平的和平幸福的社会。

和西方基督教只讲未来天国而不注重现实世界不同，孔孟诸子所信仰的，是现实人生，而不在求未来和出世。对于当时的四夷外族，中国的文化也是敞开的，只要能交流，就欢迎他们进到我们疆界里面来。中国那时的农业文化，还没有办法推进到沙漠、草原、高山地带去，因于生活的方式不同，而文化是不能勉强相同的，没有方法来让外族也接受中国人理想的生活和文化，暂且求得和平相处就行。

未来人类世界的前途，是该永远分裂还是该融和相通？我们都认为，世界是应该和谐相处的。因为钱穆说，未来的大同世界，非采用中国理想、走上中国人的历史道路不可。因为世界上唯有中国人无地域偏见、民族偏见，能在一个文化大理想下，融通各地域，调和人群。所谓超前的"地球村"，钱穆认为，在我们先秦时代，便已经存在了。

## 成为一个真正的中国人

卢沟桥事变之后，国共两党建立统一战线，联合抗日。这时全国实施总动员，教育也随着抗战的要求调整。1938年7月28日，蒋介石作了题为《革命的教育》训词，他说："所以历史和地理的教育，实在是我们革命建国中心科目，不论在各级学校和公民教育上都应该特别注重。……使各级学生和国民对于我们的过去和现在都有明确的认识，对于我们国家的将来都有坚决的自信。"训词之后，教育部着手改编中小学语文、史地、常识诸科的教材。

不久，在西南联大任教的钱穆就读到了蒋介石的训词《革命的教育》，他深受感动。当时他正在写《国史大纲》，可以说是对历史的另一种解读，为抗战中的中国人加油打气。三年之后，钱穆撰文分析了历史教育上存在的一些问题。

在钱穆看来，要做一个真正的中国人，唯一的起码条件，就是诚心爱护中国，对国家民族的传统精神和传统文化有所认识了解。而这也正是历史、地理教育最大的任务。

身当革命的大时代，在一切从新估价的呼声之下，国史传统不易把握的困难更加凸现出来了。但是越是新的改进，越需要旧的认识。越是觉得国史难理的时候，越是能体会到国史需要重新整理和认识的必要。

在钱穆当时，凡是有关改革现实的，几乎无一不牵涉到历史问题上去。只可惜绝大部分人所牵涉到的历史问题，几乎无一不陷于浅薄。钱穆痛心地说："我们这一时代，是极需要历史知识的时代，而又不幸是极缺乏历史知识的时代。"

当时，"中国自秦以来两千年的政体是一个君主专制黑暗的政体"这样的观点屡见于教科书。但钱穆说，这绝不是历史的真相。中国自秦以下，是一个君主一统的政府，但绝不是君主专制。因为如我们前面所分析过的，相权一直是皇权的制约，而直到明代，中国才没有了宰相。人才的选拔，官吏的升降，刑罚的判决，赋税的征收，这些都有传统客观的规定，不是帝王轻易能摇动的。

"要吸收外面的养料，不该先破坏自己的胃口。"但是钱穆生活的时期，有人笑林则徐是顽固糊涂，这无异于站在外国人的立场，说自己的不是。像这样不知道中国、不爱中国的人，便算不得是一个"真正的中国人"。

不知道中国，还有一个表现就是不知道中国的地理。秦汉之前，辽河流域就已经和中国有密切的关系了。直到明代，辽河两岸全是明代疆土。清兵入关以后，不许汉人出山海关，枬辽、吉、黑作关"东三省"。日本人把清代所称关"东三省"叫作"满洲"，又常以满鲜、满蒙并称。"世界上不了解真相的人，还以为满洲人在其本土满洲自立一国。"如果我们自己也不明白，跟着一起叫，只会让国土分裂。

歪曲历史来作一时的宣传要不得，但当前流行的一套空洞浅薄乃至于荒谬的历史叙述，更需要有识之士来澄清。历史教育，就是让中国人知道真正的中国史，好让他们由真正的知道，而发生真正的情感。

中国文化是世界上绵延最久展扩最大的文化，近百年来的中

国，不幸走上了一段病态的阶段。更不幸的是，中国史上的这一段顿挫时期，正与欧美人的一段极盛时期"狭路相逢"。当时国内大多数知识分子爱国忧国的时候，震惊于西洋势力，不免而对本国传统文化发生怀疑，甚至是轻蔑、咒骂。钱穆质问：若非我民族传统文化蕴蓄深厚，我们用何种力量团结四万万五千万民众，与强寇作殊死的抵抗？

无文化便无历史，无历史便无民族，无民族便无力量，无力量便无存在。所谓民族力量，本质是一种文化力量。如果我们空喊一个民族，而不知道做民族生命渊源根柢的文化，皮之不存，毛将焉附。

因此，钱穆说历史教育的最重要责任，不在于向民众宣传爱国，而在于让人民重新尊重历史，尊重我们的前辈，尊重自己。

钱穆的这一番发自肺腑的历史教育探讨，对我们今天的国民教育仍有重要的意义。如近代人那般自卑、不承认传统的价值，这样的现象说明了当时的历史教育失职。而像今天这样一味说我们"地大物博、历史悠久"，却又不知道悠久的历史中究竟有什么东西，不也是一种历史教育的偏差？

## 贤者的意见胜过多数人的意见

西方人说我们中国人没有民主的观念，做什么事情都是领导说了算，不尊重大多数人的意见。从历史来看，这种说法似乎很有道理，因为我们确是没有什么多党竞选之类的传统。

如果有一个事情争论不休，西方人可能会说"让我们投票吧"，但是拿到中国人手里，我们可能会说"让我们听某某来说，看他觉得谁有道理"。而这个"某某"，一定是在大家眼中公认的德才兼备、知书达理、断事公正的人，还常常是上了年纪的老者。像这样的人便可以称为"贤者"，贤者的意见，能让人心服口服。

中国人的传统，就是向贤人求意见，或者是请贤者来决断。春秋时即有"贤均从众"之说。哪一人贤，就采纳哪一人的意见，假若双方均贤，则再来取决于多数。墨家强调"尚贤"，崇尚贤能，"能为上"，主张能者执政，公平竞争，能者上，庸者下，唯才是举，以能力选人。而儒家虽然提倡中庸，也以"德为上"，推崇道德上的贤人，为贤是用，见贤思齐。这从我们的乡饮酒礼的传统中就可以看出古人对贤者的格外尊重。

对评价人来说，"贤"属质，"众"属量，中国的传统就是重质不重量。因为我们认为，只要其人是贤者，就能够代表多数，或者就能做出对多数有好处的判断。不贤而仅凭数量，是无足轻重的。

这一观念在汉代的选举制度上极明显。当时国家的选举权，并不托付给社会一般民众，而直接由地方长官行使。既是一位贤长官，自能博采舆情，为国家选拔真才。这是选择这种选人方法的理论依据。至于事实之不能全合于理论，则属另一问题。又如唐制，中书舍人起草文件的时候，要分开来写，七八个人都要写，这

称作"五花判事"。然后再由位高权重的中书令或中书侍郎，在许多初稿中选定一稿，加以补充修润，成为正式诏书，然后再呈送皇帝画一敕字。

我们这种推崇贤者、重视贤者的传统，源于在我们的观念中，贤者的知识和经验，能够帮助大部分人做出正确的判断。可以说无论是民主选举，还是求贤，都是为了让大部分人满意，达到理想的结果。西方人认为多数人的意见是可以保证团体利益的，而我们认为，有德有才的人的意见更能保证团体的利益。这两种观点没有绝对的好坏之分，都有自己的产生依据和历史经验。所以我们也不能完全否定古人的这一套做法。

其实在我们的传统思想中，很多想法都和这种推崇贤者的观点有关。比如，我们特别强调要听长辈的话、要听家长的话，这种思想就是一种从贤思想的延伸。因为长辈和家长有更多的经验，他们帮我们做主，会减少很多不必要的消耗。有如，身为知识分子，或者身为家长，往往有一种帮国家考虑、帮子孙考虑的使命感。自认为是贤士君子的人，比常人更加关注国家、民生，这种使命感就是来源于我们对贤者有更多的期待。而家长往往总是以"为孩子好"为借口，剥夺孩子的决定权，因为我们相信长辈的判断更加有价值。

从我们的历史记载来说，无论是正史还是野史里，都有对贤者事迹的大量记载。士农工商的四民社会中，更多的是那些让人敬仰的贤士形象。纵然像伯夷叔齐这样的"无为"之人，也被司马迁放于《史记》列传之首，因为他们的选择代表了一种高贵的谦逊、忠诚，是常人不能达到的境界。

老子有"不尚贤"之说，这更从反面证明我们的传统社会中有着尚贤的传统。在我们的社会中，多数人的声音不如一个慢条斯理娓娓道来的声音有分量。而现在如此嘈杂的社会，太需要那种淳朴却又有真知灼见的声音。

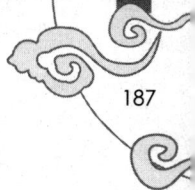

## 士：异于世界任何民族的流品

通读了五千年的历史，钱穆得出一个结论：要说中国与其他民族、国家有什么格外不同的地方，那就是中国社会有"士"这一流品，而其他民族和国家没有。

在夏商流传到后世的传说中，那些从建筑工地、农场走到政坛最高位的人，都是士的代表，也是后世士人称赞的楷模。而中国社会上所谓的"士"，一般指出身普通民众，但是在社会上有特殊地位，在文化传统上有特殊意义、特殊价值的人，古今第一士，要算孔子了。

孔子说"士志于道"，孟子说"士尚志"，也就是说士要忠诚于自己的志向。孔子所说的道，从修身、齐家，到治国、平天下。修、齐、治、平之礼本来是古代贵族的事情，而到了孔子这里，经他综合会通、加以阐发，就推广成为平民也可以借此自我约束的一套完整体系，于是产生了一批士。

孔子称赞颜渊能用道。颜渊能用其道，则出身行道；不能用其道，则藏道于身，宁退不仕。不在仕途上显山露水，以求完全自己所坚守的道，传于后世。故士可以用，可以不用；可以仕，也可以不仕。

孔子卒后，孔门弟子普遍蒙受社会各界的重视，然而却无一人获得上层政治的重用。孔门的再传弟子中，如子思、孟子、荀卿，也都有很大的名气，但也没有一人受上层政治的重用。儒家以下，诸子兴起，常说"非儒即墨"，墨子一时间也成为名人，但是墨翟和墨门弟子也都未受列国政治上层的重用。再看道家，庄周仅为宋国一漆园吏，而且也辞谢楚国，不肯为相。老子继起，著书五千言，也没有一个知名的弟子闻于后世。

战国虽然是士的势力膨胀爆发的时期，但是诸子聚徒讲学，自成一家，不论是开山宗师，还是后来的继承人物、在当时学术上有大名望大表现的人，都不曾在政治上获大用。而在政治上有作为的人，在学术上又仅属第三四流了。那么所谓的士之流，在中国文化传统历史上的影响在哪里？

钱穆说，中国士流的影响与贡献，主要在社会。比如孟子笔下的那个许行，带着弟子亲自耕种田地，便引来陈良的门徒陈相等追随他。士在亲师尊师上的表现，都远远超过了当时的君王。所以在中国社会上，最受尊亲的，不是君而是师；不是朝廷上的红人，而是那些朝野之外的谋士。士最大的意义与价值，就在于让政治上层明白，自己统治的社会下层中，有比自己更加值得尊贵的人，因此不敢把自己高高挂起。

如秦兵围赵，赵国存亡在即，为了自保不得不向秦国示弱，承认秦王自封为帝的称号。而鲁仲连在围城中，坚持反对帝秦，最后仲连唯有投东海而死。这样一个"白衣穷途之士"，跳海而死了，似乎对天下兴亡没有什么影响。但是赵国却因为仲连的举动，放弃了尊秦为帝。

鲁仲连誓死不帝秦，他的名声扬于天下，但他死后，秦国还是成为天下霸主，鲁仲连的美名也依然存在。之后，士阶层逐渐开始在政治上得到重用，如荀卿门下的李斯，就身为秦国的宰相。

汉时有贾谊，被文帝放为长沙王太傅。文帝听说贾谊才高，两人促膝长谈到深夜。文帝说自己许久没有见到贾谊了，以为已经超过他了，但是今日一见，才知道自己远不如贾谊。后来贾谊成为梁王的太傅，梁王出猎时坠马而死，贾生因为内疚自己未尽师之道，也含恨而卒了。此后，文、景以下的很多大政方针，多出自贾谊的原议，贾谊对汉

朝的影响，在他死后才表现出来。

如果说要将政治人物作为社会上尽善尽美至高无上的人生标准，那这样的人生是没有什么希望的。而我们的传统社会中有士，就让人民在安身立命的时候，多了一重偶像选择，为人则另有更高标准、更高境界。就连政治人物，也要向着士的这种境界和标准来看齐，这就是士人存在的价值。

孔子说："士志于道，而耻恶衣恶食者，未足与议也。"中国的士统，追求的是一种精神上的成就，而非物质上的满足。士人在历史上成为追求精神高度的骑士，中国的士统也就是一种道统。士不是一种职业，也不是一种宗教。"君子群而不党。""众人之诺诺，不如一士之谔谔。"士也不是一种党派。划分士人的，就在于是否有修齐治平之道。

对我们来说，只有存在士人，才是一个完备的社会，或者说只有士人敢于说话，才是一个健康的社会。士人的存在，是我们对道德不懈追求的象征。这一点，正是我们与其他任何国家不同的关键。


## 古人的时间观念写在路上

如果说世界上最有时间观念的是哪一国的人，肯定轮不到我们中国人头上。中国人似乎向来就不讲究时间观念，干什么事情都是像鲁迅所说的那样，"差不多"就行。和被称为"钟表的奴隶"的美国人不一样，我们习惯看着太阳算小时，看着月亮的阴晴圆缺来算一个月的朔望，看着草木枯荣而知春秋。农业社会的

根让中国人讲求日出而作日落而息的节奏，绝不会在日程表上画得密密麻麻，而会留下 十五分钟的时间休息一下，和朋友聊聊天之类。如果说工业社会的时间是靠钟表来计算的，我们古老的农业社会的时间就要靠大自然来计算。而这种计算方式，可能与西方不同。

其实中国也并非没有时间观念，二十四节气中明明白白写着"芒种""谷雨"，这些节气的背后都有应时而作的意义。与其将时间交给钟表，不如把时间交给一套完善的体制。在这个体制之内，中国人是有时间观念的。

例如钱穆说，从古代的通信就可以看出他们的时间观念。中国地方大，古代的交通完全靠驿骑，要传达一个政令是很不容易的。古代的驿路相当于国道，可通全国，到处都有站，当时则叫作"亭"。唐代首都在长安，若要发一份公文到番禺，也就是今天的广州，或者到杭州、福州，其困难程度可想而知。加上我们常认为古人也没有时间概念，路上也会赏花饮酒，这样岂不是无法办公，但历史上很少记载有因为文件没有传到而耽误了很多事情的。

当时公文也分缓急等次，好像现在的信件分为平信和快递一样。当时递送公文主要靠马匹。某种公文在一个时辰里马该跑多少路，都有一定的规定。从这一站到那一站，快的多少时间，慢的多少时间，都规定好了。每站都有守站的人，送公事的到达了，守站的把吃的喝的都预备好，邮递员吃饱喝够，稍稍休息，再换一匹预先喂好了的马，继续赶路。第一天到什么地方歇，第二天到什么地方歇，也都有限定。因此几天内，如限赶到，是没有问题的。

每天，尚书六部都有公文要发往各地，一匹马来，一匹马去，络绎不绝。现在的火车轮船，有时还误点，古时驿骑误点，也是寻常事，但也总得多少照规定时限到达。否则，政事就会乱，国家就会垮台。

从理论来说，空间越大，时间越紧要。如果说中国人没有时间观念，又怎么能统治管理偌大的国家呢。只是我们对时间的感知，不在于多少分多少秒，而在于办成了多少事情。我们建立一套完善的体制，也是一种节约时间的方式，如唐代的邮政体制。

没有规矩不成方圆，我们古人更看重一套规矩。古代在礼仪上，将各种细节都规定得死死的，穿什么样的衣服，拿什么样的礼器，诸如此类，以保证一套仪式的完整和庄严。包括我们中国人说话，客套时候上句与下句之间，都讲一个套路，来传达自己的情意。可以说比起时间，我们更看重像邮路那样的一套体系，生活在这种体系之中的人，才会得到安全感。

## 艺术是中国人的信仰

提到中国的宗教信仰情况，很难得到一个统一的答案。官方有一套说法，民间也各有说法。有的认为我们信仰儒家，但是有的又说儒家不能算作宗教；有的认为我们信仰佛教、道教，也有的认为中国是个多神教的国家，从玉皇大帝到太上老君，从土地爷到灶王爷，几乎遍地是"神"。结果，中国成了一个无神论的国度，所谓"拜神如神在，不拜也不怪"，在宗教上，我们自己把握，有相当大的自由。

印度的佛教传到中国，到唐朝后期极盛，"南朝四百八十寺"，就是形容晚唐佛教盛行的景象。但是到了宋朝，宗教便渐渐又趋于平淡了。

钱穆认为，我国从宋代开始宗教不兴，主要有两个方面的原因。

一是宋以后的中国，平民教育越来越到位。而魏晋南北朝时期，教育限于门第，当时只有达官贵人的子弟才有受教育的机会，普通百姓人家如要读书，往往到寺院或庙宇里。宋以后，教育普及，书院大兴，不必再跑进寺院庙宇里去读书，宗教的魔力也就自然减少了。而且，平民化的教育也让普通人懂得吟诗作赋，欣赏艺术。

另一个方面的原因，就在于中国的艺术文学，可以替代宗教的功用。宗教主要是让人有心理情感上的寄托，得到抚慰。而宋代的文学也有这样的功效。

宋以后的文学艺术，已经平民化了，从规格严整的唐诗到随性活泼的宋词，是一个大雅到大俗，又从大俗到大雅的过程。每一个平民家庭的厅堂墙壁上，总会挂有几幅字画，上面写着几句诗，或画上几根竹、几只鸟雀，幽雅淡泊。当你沉默欣赏的时候，心中自然会感觉到轻松愉快。人生苦痛与不得意，也能稍事缓解。甚至家庭日常使用的一只茶杯或一把茶壶，上边总有几笔画、几句诗。晚上卧床的枕头，也往往会绣有诗画。再说到房屋建筑，苏东坡说"宁可食无肉，不可居无竹"，只要经济上稍稍过得去的家庭，他们在院子里，往往留有一块空地，栽几根竹子，凿一个小池，池里栽几株荷花，或者养几条金鱼。

像这样的生活，处处尽是艺术，尽是文学。单纯、淡泊、和平、安静，让人在沉默中去体味，感受怡然自得。身处亭台楼阁之间，可以自遣自适。日常家庭生活的文学艺术化，在宋以后，已不是贵族生活才如此，而是一般的平民生活，大体都能向此上进。

钱穆的这种分析，有一定的理想成分在其中，但是从历史记载来看，宋代的平民"追星"的风气却是不亚于今天，而他们所追的明星，正是如苏东坡、司马光这样的大文学家、艺术家。

据史料记载，苏东坡在当时就极受欢迎。他写得一笔好字，人人都喜欢向他讨墨宝收藏。直到今天，苏东坡随手写的题跋，还存有六百多件。据说有一回，苏东坡的帽子被风吹歪了，他走在街上浑然不觉。被行人看到后，大家竞相将帽子斜戴，效仿大文豪。而司马光在当时也很有声望，除了他六岁砸缸那件事，人们还知道他是一个能吃苦写书的人。有一次，司马光去拜访一个朋友。那个朋友的四邻街坊听说司马光要来，都争着要进门一睹大家的风采。结果，那位朋友的房子都被挤坏了。

民间追星的风气，也可以看作是大家对风雅的积极追求。所谓上行下效，宋代也出了一个两千年三百多位皇帝当中最具艺术气质、最才华横溢的艺术家皇帝，那就是宋徽宗赵佶。

沉溺于艺术当中寻找人生的乐趣和意境，也与中国对道德的注重有关。三从四德、三纲五常、九伦十义，这些在蒙学《三字经》当中就已经出现。而在《三字经》出现之前，修身、齐家、治国、平天下的人生追求也已经成为时代教育的主题思想，讲忠孝、仁义、廉耻、节操，这些好像一条条的道德绳子，把每个人缚得紧紧的。中国人的人生可说是道德的人生。

正因中国社会偏重道德这一面，诗文字画就成了这种道德束缚的平衡。"长恨此身非我有，何时忘却营营"，一般文学艺术，使你能暂时抛开一切责任，重回到悠闲的心情，好像"采菊东篱下，悠然见南山"这种情景，安闲从容地在欣赏着大自然。中国的艺术、文学，和中国的道德人生调和起来，便代替了宗教的作用。

《中庸》上曾说："能尽其性，则能尽人之性。能尽人之性，则能尽物之性。能尽物之性，则可以赞天地之化育。"西方的现代文明，主要在科学上，但他们的科学只求尽物性。

中国自春秋战国到汉、唐、宋、明各代，可说是注重求尽人之性。钱穆说中国文化是艺术性的，而西方则是科学性的。就连中医，也偏艺术性，从人身生理学上发明演进。而西方医学，则从人体物理学上发明演进。

我们的四大发明，都侧重在艺术上的运用，火药用作烟花，造纸印刷用以传承诗文，指南针用作研究阴阳五行，艺术最终又服务于我们的生活，说到底，我们还是讲求享受现实的人生的，这就是我们的信仰。

## 文人不著政治书

一提到政治思想，现在所谓的"自由主义""民主理论""民族主义"，这些时髦的词汇都来自西方。而西方人最喜欢说的"主权"，似乎和我们"八字不合"，这一点钱穆也详细地讨论过。主要是中国人讲政治，喜欢讲责任和道德，而很少讨论到主权之类的概念。从整个政治发展史来说，一些具有里程碑意义的政治理论书，也都来自西方，而我们的历史上，很少有纯粹的政治理论书留下来，这是为什么呢？

钱穆说，这是因为中国的历史演进和西方有所不同。我们读希腊史，柏拉图、亚里士多德都有他们一套政治思想写在书上，但他们在政治上并没有办多少实事。

柏拉图的政治代表作是《理想国》，其中，柏拉图设计了一幅正义之邦的图景：站在城中高处能将全国尽收眼底，国人彼此面识。他将理想国中的公民分为治国者、武士、劳动者三个等级，分别代表智慧、勇敢和欲望三种品性。统治者依靠自己的哲学智慧和道德力量统治国家；武士们辅助治国，用忠诚和勇敢保卫国家的安全；劳动者则为全国提供物质生活资料。柏拉图甚至设想在建国之初就把所有十岁以上的人遣送出国，因为他们已受到旧文化的熏染，难以改变。全体公民从儿童时代开始就要接受音乐、体育、数学到哲学的终身教育。教育内容要经严格选择，荷马、赫西俄德的史诗以及悲剧诗人们的作品，一律不准传入国境，因为它们会毒害青年的心灵。

而柏拉图的学生亚里士多德的《政治学》，对一百多个城邦政制分析比较，认为人是天然的政治动物。他说城邦是至高而广涵的一种社会团体，批驳取消私有财产和家庭的主张，评析当时的各种政制，提出以中产阶级为主体的共和政体是最稳定的政体等。《政治学》被公认为西方传统政治学的开创之作。它所建立的体系和一系列政治观点，对西方政治思想的发展产生过深远影响。

可以看出，这两位政治理论家的著作，都带有很浓厚的理想主义色彩。将十岁以上的人全部驱逐出境，建立一个思想全新的国家，这显然是难于操作的。而我们历史的政治家则不是如此。

譬如最早的政治家周公，他也有一套政治思想，然而没有著作，历史上没有一部周公的政治理论书。而流传到今天的《尚书》中的《西周书》，钱穆提到过这是整个《尚书》中最可信的部分，其中就包含了周公的政治思想和理论。

近代的中国人，往往说中国没有成套的政治理论，没有大的政治思想家，因此认为中国的传统政治不行。在中国以往著作里，很少有专讲政治理论的书，也很少专以政治思想而成名的人物。这并不是中国人对政治无理论、无思想。因为中国的读书人多半做了官，他们对政治上的理论和思想，可在实际政治中表现，用不着凭空著书，脱离现实，来完成书本上的一套空理论。

钱穆的观点，认为中国的政治理论，早和现实政治融化合一了。比如皇帝和宰相分权、仕途必经察举和考试、田租力求减轻、商业资本要加以节制、国民兵役要到二十三岁才开始……这些历来的政治方针，就体现着文人的政治理想。

历代的大政治家中，文人与政治结合得最典型的要数北宋的王安石王荆公。由于深得神宗赏识，王安石很快由参知政事（副相）升任为宰相，开始大力推行改革，进行变法。

王安石重视理财，大力发展生产，他不赞成国家过多地干预社会生产和经济生活。变法派从农业到手工业、商业，从乡村到城市，展开了广泛的社会改革。为培养更多的社会需要的人才，他对科举、学校教育制度也进行了改革，并且亲自着手编写了新的教材。但是王安石的变法，最终还是在保守派的围攻之中失败了，两次罢相之后，王安石郁然病逝。

王安石是一个文人政客的典型，被列宁誉为是"中国十一世纪的改革家"。但是他留给后世的，是一系列的诗文，是"唐宋八大家"之一的身份。他的《上仁皇帝言事书》《答司马谏议书》中，以及他撰写的《周礼义》《书义》《诗义》中，都有他的政治思想。但是他却没有写过一本《论改革》之类的政治理论书。

中国历史上第一部体例完备的政书《通典》中，第一项制度是"食货"，第二项是"选举"，第三项是"官职"。只从这三项制度来讲中国的政治理论，已可讲得很扼要、很透彻。所以说，中国虽然没有纯理论的政治书，却实在是一个政治高度发达的国家。

## 恰是一个太讲法的社会

我们历来倡导的是"以德治国"，直到近代，西学东渐，我们开始讲究以法治国。作为一个人情大国，似乎我们很少讲法，也不太看重法律。但是钱穆认为，我们并不是一个不讲法的国家，恰恰是一个有着古老的讲法历史的国家。

例如，宋太祖赵匡胤开国之初，恰逢三个宰相相继去职，太祖欲派赵普为宰相，但正常的程序，皇帝诏敕一定要经宰相副署，而此刻旧宰相既已全体去职，一时找不到副署人。宋太祖召集群臣会商办法，当时有人献议说："唐代皇帝曾有一次下敕未经宰相副署，是在甘露事变时，当时前宰相已死，皇帝临时封派宰相，就由尚书仆射参知政事来盖印。现在我们可以仿唐代的方式来办理。"但同时就有人反对，说："唐代甘露事变用这种方式，是因为乱时，只好变通权宜出这样的办法。如今大宋升平，不能像唐代乱世那样。"就这样，再三商讨，

**还是决定由当时开封府尹副署盖印。**

当时宋都设在开封，开封府尹等于国民政府建都南京时的南京市长。当时的开封府尹是赵匡义，是宋太祖的嫡亲胞弟，也是后来的宋太宗；他盖了印，才算完备了这一诏敕的法定手续。根据这一点看，中国过去的政治，不能一切全由皇帝专制，全无半点法律的精神。它也自有制度、自有法律，并不全由皇帝一人的意志来决定一切。类似于这样的事情，历史上并不少见。

又比如，在明代，皇帝有内阁做参谋，但是内阁并不是真正的宰相，只是皇帝的私人秘书。明代有名的内阁大学士张居正，曾是神宗万历皇帝的老师，等神宗登基之后，张居正是当朝皇帝老师，又是内阁大学士，所以权倾朝野。当时皇帝只有十来岁，少不经事，所以国家上下的很多事情，都由张居正来打理。

然而张居正也见不到他的学生神宗的面，大学士照政制论，无法主持政令。于是张居正只有同司礼监的太监往来，才能施展抱负，策动当时的政事。当时朝臣都反对张居正，说他既然不是宰相，不是政府正式的行政首长，就不该弄权专政。

这些人对他的批评可谓说到了要害。当时，尚书六部才是政府的最高行政长官，他们只需听命于皇帝，并不用听命于内阁。假如内阁和六部发生了意见，六部完全可以说：你不是宰相，不是大臣，不该管我们的事。从正统的观念来说，不该管的事而管，不该揽的权而揽，这就是权臣，而非大臣。

而明代的制度，根本没有一个正式的宰相。明太祖在洪武年间就把宰相胡惟庸杀了，也不许后人立宰相。当时的六部尚书和七卿九卿，才是名正言顺的大臣。反对张居正的人，他们认为部院分理国事，理当受皇帝节制，张居正做内阁大学士，只是皇帝私人顾问，不该借着这一点关系正式出面来干涉部院，那是越权。

张居正要各衙门奏章公事每样备两份，一份送内阁，一份送六科给事中。但是内阁不像六部的给事中，是无权过问奏章的，张居正的做法动机虽好，还是犯了当时的法，所以很多人不服他。当时有人反对张居正，张居正只有向皇帝去辞职，他说他"所处者危地，所理者皇上之事，所代者皇上之言"，这几句话，正说明了他自己也觉得自己的身份尴尬。

又比方说明清两代的师爷，他们经手一切文书簿籍、例案掌故，于是趁机操纵这些来束缚他们的上司。就算长官贤明，也无奈他们何。钱穆说，这是法律制度的病，而不是人的病。

现代都说中国人不讲法，在钱穆的眼中，中国政治的传统毛病却恰恰就在太讲法，什么事都依法办。孔子说的"名不正则言不顺，言不顺则政令不行"，这其中的"名"就是一种法律认可的名义。我们往往太讲究这种名正言顺，而误了事情。

## 并不存在的"封建"

要说翻案，钱穆为中国历史所翻的最大一案，莫过于他否认中国的传统政治是君主专制。他自称"作者将不惮反覆对此问题作辩护"。的确，无论是在他的《国史大纲》《历代政治得失》《国史新论》当中，还是在他其他散文、演讲稿中，他都一而再、再而三地大声声称，中国并不是一个有两千年封建帝制的国家。

秦朝以后中国的传统政治，保留了一个君职与臣职的划分，可以说就是王室与政府的划分。在汉代，内朝指王室，外朝指政府。全国财政收入，属于大司农的归政府，属于少府的归王室，这一划分，历代大体都保持了。宰相是政府领袖，中国传统政治内宰相的地位和职权，便表示皇权不是独大的。

就西汉来说，皇帝的秘书处"尚书"只有四员，但宰相的秘书处却有十三个部门，这十三个部门组织庞大，全国一切行政都在宰相的掌管之下。后代尚书六部二十四司，在此十三曹中都已包括。每一曹的职权，几乎与后代的专部大臣一样。但他们俸禄很低，只有百石，还不及一个小县长。

这十三曹的长官，并不是政府的正式官，他们相当于封建时代所谓的陪臣，但他们在当时的威望极高。上自"各部部长"及"省主席"，下及社会贤达，都可由宰相自由聘任。宰相的权力如此大，自然也就有很多人愿意给宰相当个陪臣了。官职吏职，在当时观念上，也并无高下清浊之分。

据《通典》载，汉代宰相府不设门铃门鼓之类的东西，表示

跟着钱穆学历史

相府对社会开放，人人有事，便可直接到相府去。相传有某宰相，他曾有一个名叫宜禄的门卫，后来人民到相府，就只喊一声宜禄，便可以引见宰相，说明自己的事情。

到唐代，宰相的职权更是划分得明白。全国最高政令，名义上由皇帝颁发，在法理上，则全由宰相拟定。最高议事机关称政事堂。一切政府法令，须用皇帝诏书名义颁布的，事先由政事堂开会议决，送进皇宫皇帝同意，然后由政事堂盖印发下。如果没有政事堂的盖印，就算不得诏书，在法律上没有合法地位。

宋太祖时候，他要任命宰相赵普，但是没有原来的宰相签名就不行，最后商量了很久，才达成一致。宋代的相权比唐代要降抑。宋代的皇帝在颁布诏敕上，获得了更大的发言权。但这并不是说宋代皇帝便可独裁专制。

当时皇帝要立一个后妃，宰相李沆把诏书烧了；皇帝不根据宰相的建议书，由内廷降出命令，被宰相杜衍退还了。这些故事，在宋代历史上不在少数。直到蔡京当宰相，他才开始"奉行御笔"，这是说，宰相不再自己出主意。蔡京是中国史上典型的权臣与奸相，不过纵然如此，皇帝的命令依然须由蔡京盖上宰相印，才能正式执行。

但宰相也不能是独裁宰相。

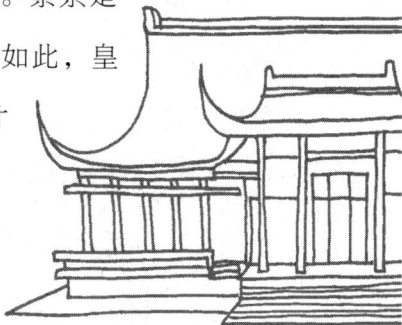

王安石当宰相时，要擢用一新官，负责起草命令的人不同意，把宰相手条退回了，自请辞职。宰相答应他辞职，第二第三个负责人照样把宰相手条退回。王安石固执己见，继续把这些负责起草人罢免，前后七八个，没有人肯为宰相正式起草，终于临时觅得一个代理官把此手续完成了。这并不是王安石写不出来，而是中国传统政治在法理上的职权规定。当时人都反对王安石，王安石的新政也多半失败在他的刚愎自用的姿态上。

明代，明太祖在中国传统政治史上，做了一件创古未有的大翻案，那就是正式下令废止宰相，改用内阁大学士。照法理论，内阁大学士的身份绝非真宰相，但当时实际情形，内阁大学士却渐渐变形站到以往传统宰相的地位上去了。但有人若以大学士身份而真正执行宰相职权，那在明代的政治法理上讲是越权的，张居正便吃了这个亏。

近代中国人，一面高唱要模仿西方法治精神，一面又崇拜西方的所谓变法事业，于是高捧王安石和张居正，认为他们是中国第一流的大政治家，而把当时反对方面全骂为黑暗守旧顽固。钱穆认为，这样的评价不公允，因为王安石和张居正，都是破坏了政府职权划分的人，说到底，他们没有建立好、维护好一个可以行之有效的政治体制。

清代政治真是一种君主专制的政治，但中国传统的政治观念以及政治习惯，还是在当时庞大的政治组织中存在，使清政权也不能把以往传统全都推翻。因此还有许多不能由清帝专制来推动行使。清代尚且不是近代人所说的黑暗万恶的封建腐朽社会，更何况以前还有着宰相政府的朝代呢。

## 最懂政治的中国人

中国人的政治才能实应远超于外国人之上。

这是钱穆先生在总结中国的传统政治时下的断语。这不是盲目地夸耀，什么懂政治和懂音乐、懂种田一样，没有什么值得夸耀的，这只是我们的民族性格使然。也可以说，作为一个中国人，想不关心政治都难。

比如说，我们的传统伦理，不仅要求我们在家孝顺父母，更大的伦理，应该是能治国、平天下。中国人的传统政治，也在这大伦理当中。我们这样一个大统一的国家，可以传承四五千年直至今天，其中有多少政治思想可以说，有多少农民起义、忠臣殉国的典故可以讲。但是在五四运动前后的那个几十年中，人们所最看不起的，便是自己的传统政治。钱穆对此痛心疾首。

我们历史上没有专门的纯理论的政治书，但是我们有《唐六典》这样的史书。书中对当时政府各部门、各组织的政权及人事分配，均有详细规定。这本书成为中国历史上行政法规的巨典，此后宋、明、清各代，均奉为圭臬。千余年来，国家推行政务，大体以此书为典范。

中国历史上关于政治制度方面有两大名著，一为《周礼》，另一本即是《唐六典》。但是《周礼》为中国先秦时代人的乌托邦，是一种纯理想政府，也可以说是一部理想的宪法。而《唐六

典》一书，是对唐玄宗当时的具体事实与现行制度的记载。将政治理想全部制度化，而没有丝毫理论的痕迹，只见具体而严密的客观记载。我们读此书，便可想见中国古代人的政治天才，不落于空谈玄想，而能把一切理论化成具体事实而排列开来。

只由《周礼》而演进到《唐六典》，这一步骤，也可认为是中国政治历史上极大的进步。制度的背后，都应有理论和思想。一切制度，决不会凭空无端地产生。若我们忽略了中国以往现实的政治制度，而来空谈中国人以往的政治思想，决无是处。

从这里，我们可以看出，传统的中国人注重政治，并不在于写了多少的政治理想。上层的官员都不爱写理论书，下层的平民就更不在这上面花心思了。我们关注政治的方式，来自于一种"天下兴亡，匹夫有责"的心理、态度。

中国人政治意识之强，不仅表现在对社会体制的探讨，各阶层的人士学而优则仕，走上从政的道路这种观点上，还在于国家意识形态渗透社会生活的方方面面，使广大民众潜移默化地接受政治教化。

生活是实实在在的，一饮一食，一衣一帽，莫不有具体生动的样式和内容，在中国的衣食住行、节日喜庆、休闲娱乐、日用器物，背后都有一套政治的理想和主张。

东汉的班固在《白虎通义》中提出衣服的概念，认为是圣人制作衣服，不仅是为了防寒蔽体，更重要的是"表德劝善，别尊卑也"。一身衣衫从质料、色彩、款式、花纹无不被历代礼

制所规范，赋以含义，成为伦理政治的图解和符号。皇亲贵戚、官员士大夫、农民工商，穿靴戴帽都有明文规定，在戏曲舞台上演员的着装有个不成文的规则"宁穿破，不穿错"，这种思想，也是政治嗅觉使然。

从穿衣戴帽到国家大事，联系它们的就是一种政治头脑。政治对我们来说，绝对不是小事。

再比如说故宫建筑群，其中就有很大的政治学问。以宫城、内城、外城组成的三重城，居京都的中央地带，三大殿如土形，喻以君临天下，左祖右社；东西两侧建筑物对称分布，由近及远形成中间高两边低的格局。城市居民的房屋都是围绕紫禁城中轴线建筑，其高度和规模按等级循序递减。这种左右对称、高低有序的组合，实际上是政治格局的延伸。平民百姓家居的四合院也是如此，那种东西南北四向所构成的封闭院落，以厅堂为中心，正房、偏房，主次分明，上下严整，这种布局体现的是家长制中尊卑有别、贵贱分明的人际关系。所以这四合院从形式到内容，也是封建家庭伦理的展示。

一部《红楼梦》，人人读出各自的道理，有人将它阐释为世家大族由盛而衰的百科全书，也属政治小说。日常的生活，总是被赋予了太多的教化意义，而

政治意义，更是其中之首。对于一个国土面积如此广大的统一国家来说，如果政教做得不到位，便很难维持一个持续的大一统的局面。

## 科考，大国的选举方式

为庆祝十八世纪的到来，"太阳王"路易十四在法国凡尔赛宫举行了一场盛大的舞会。当上流社会的显贵命妇们到场后，随着一阵音乐响起，只见国王竟身着中国式服装，坐在一顶中国式八抬大轿里出场，全场顿时发出一片惊叹声。这场由奥尔良公爵策划的"中国式"舞会，其实只是当时十八世纪流行欧洲的"中国热"的一个片段。

在略微了解了中国的思想之后，启蒙思想家狄德罗说，和孔子相比，荷马简直就是一个糊涂蛋。在当时欧洲的"中国热"不仅是中国的丝绸、瓷器大受贵族的拥戴，中国的文化和制度也受到西方的好评。在官僚制度方面，欧洲当时实行的是贵族世袭制，而中国以科举为特色的文官制度为平民进入政坛提供了理想的途径。

早在十七世纪之初，西方传教士们就发现了科举制度的优越之处。经过他们的介绍，欧洲的知识界开始对中国"学而优则仕"的文官制度产生了浓厚的兴趣。他们认为，在中国，即便是农夫的儿子，都有希望当上总督甚至宰相。这并不是他们的误解，我们的科举制，的确可以让草民变成宰相，钱穆总结说，科举制在很长一段时间内，都是我们这样一个大国的选举方式。

选举最早出现在汉代。汉代有举孝廉之说。本来所谓孝廉，一种是孝子，另一种是廉吏，后来规定每郡满二十万户口的只能举一个，如是则孝廉不分，进城一个参政入仕的资格而已。后来又因请托舞弊，逼得朝廷在察举孝廉后再加上一番考试，中国政权，也就因此开放给全国各地了。从此以后，无论选举或考试，都是分区定额的。经济文化落后的地区和经济文化进步的地区，都一样照人口比例来考选。因此中央政府里，永远有全国各地域的人参加。

一个由来自四面八方的人组成的政府，可以说是代表着全国性的，全国人民都有迈进政府的希望。但是汉代的选举制，还不是一个完善的选举制度。

一是汉代察举的权力在地方长官，不在地方民众。长官营私舞弊，不顾地方民意，推选私人是有可能的。选举了送到中央，如何分发，悉听中央命令。二是古代社会，读书机会就不易得。书本不像现在这样普通，读书求学，有绝大限制。当时不像先秦那样，爵位不世袭，而书本却可世袭。世代经学，便可世代跑进政治圈子，无异封建传袭的贵族。

但是到了唐代，一是做官之人都要参加考试，减少了权贵荫庇的比例；二是印刷术的发明使书本的普及率大大提高，到宋代更是学术平民化、艺术平民化，读书人的数量也大大增加。这便把汉代的两个问题都解决了。这样一来，可以说中国的科举考试，就是从众多的读书人当中公平选择优秀的人来做官了。

科举制度唐代正式定型以来，一共有一千三百多年的历史，

成为中国政治社会一条主要骨干。它的意义钱穆总结成三项。

　　一是用客观标准，挑选人才，使之参与政治。因此制度，政府才能由全国各地所选拔出的贤才共同组织，这便是一种直接民权，一种由社会直接参加政府之权。

　　二是消融社会阶级。因考试是一种公开竞选，公平无偏滥。考试内容单纯，可不受私家经济限制。寒苦子弟，皆有应考可能。考试内容，全国统一，有助于全国各地文化融结。按年开科，不断新陈代谢。此一千年来，中国社会上再无固定的特殊阶级出现，科举制度也有重要的作用。

　　三是促进政治统一。自汉到清末，无论选举考试，永远采取分区定额制度，使全国各地优秀人才永远得平均参加政府。自宋代规定三年一贡以来，直到清末，每历三年必有大批应举人，从全国各地向中央集合。不仅政府与社会因此而声气相通，全国各区域，东北至西南，西北至东南，也有了一种相接触相融洽的机会，不仅在政治上增添向心力，更在文化上增添调协力。而边远地区，更增添了观摩、刺激向上的活力。

　　科举制度在实施方面，也有种种缺点、流弊，而历年以来，也在不断变通。八股可以说是科举制当中变通之后的极端，不可取，但是也应该得到一个公允的评价。历史上的任何制度，都有一套思想在支撑，有无数人的心血，科举仅是其中之一。正确地对待科举制度，也是在正确地对待我们的历史。

# 参考文献

【1】钱穆，国史大纲，北京：商务印书馆，2010-12.

【2】钱穆，中国历史精神，北京：九州出版社，2012-02.

【3】钱穆，论语新解，北京：九州出版社，2011-07.

【4】司马光，资治通鉴，郑州：大象出版社，2009-09.

【5】王世舜、王翠叶，尚书，北京：中华书局，2012-01.

【6】孔子弟子及再传弟子，论语，长沙：湖南大学出版社，2013-07.

【7】陈寿、裴松之，三国志，北京：中华书局，2011-01.

【8】卢弼，三国志集解，上海：上海古籍出版社，2012-06.

【9】钱穆，文化与教育，重庆：重庆国民图书出版社，1942-06.

【10】钱穆，政学私言，重庆：重庆商务印书馆，1945-11.

【11】纪昀，阅微草堂笔记，西安：三秦出版社，2018-08.

【12】朱熹，资治通鉴纲目，北京：长征出版社，1996.

【13】梁启超，饮冰室合集，北京：中华书局，2015-01.

【14】朱熹，四书章句集注，北京：中华书局，2011-01.

【15】欧阳修，新五代史，北京：中华书局，2015-08.

【16】梁启超，东西文化及其哲学，上海：上海人民出版社，2015-01.

【17】司马迁，史记，哈尔滨：哈尔滨出版社，2017-05.

【18】吕思勉，中国通史，上海：上海古籍出版社，2009-04.